儿童青少年
身体素质提升指导与实践

力量练习

国家体育总局青少年体育司
国家体育总局体育科学研究所　主编

王雄　徐建方　编著

人民邮电出版社

北京

图书在版编目（CIP）数据

儿童青少年身体素质提升指导与实践. 力量练习 /
国家体育总局青少年体育司, 国家体育总局体育科学研究
所主编；王雄, 徐建方编著. -- 北京 ：人民邮电出版
社, 2024.7
 ISBN 978-7-115-59613-0

Ⅰ. ①儿… Ⅱ. ①国… ②国… ③王… ④徐… Ⅲ.
①儿童－身体素质－力量训练－运动训练－研究②青少年
－身体素质－力量训练－运动训练－研究 Ⅳ.
①G808.17

中国版本图书馆CIP数据核字(2022)第116305号

免责声明

本书内容旨在为大众提供有用的信息。所有材料（包括文本、图形和图像）仅供参考，不能替代医疗诊断、建议、治疗或来自专业人士的意见。所有读者在需要医疗或其他专业协助时，均应向专业的医疗保健机构或医生进行咨询。作者和出版商都已尽可能确保本书技术上的准确性以及合理性，并特别声明，不会承担由于使用本出版物中的材料而遭受的任何损伤所直接或间接产生的与个人或团体相关的一切责任、损失或风险。

内 容 提 要

本书由国家体育总局青少年体育司和国家体育总局体育科学研究所联合主编，提供了儿童青少年力量训练的科学知识和动作指导。本书首先阐述了力量的基础知识，包括力量的定义、分类、影响因素、敏感期及训练意义；其次介绍了力量的测试方法；接着概述了力量的训练方法，并通过多步骤图文和视频演示详细讲解了力量练习；最后提供了针对不同水平、专项、体育测试等的力量训练计划。全书内容科学、系统，能有效帮助儿童青少年体育从业者及中小学学生家长精准掌握儿童青少年力量相关知识和训练动作，有助于他们指导儿童青少年安全、高效地进行力量训练，循序渐进地提升力量水平。

- ◆ 主　　编　国家体育总局青少年体育司
- 　　　　　　国家体育总局体育科学研究所
- 　编　著　王　雄　徐建方
- 　责任编辑　王若璇
- 　责任印制　马振武
- ◆ 人民邮电出版社出版发行　　北京市丰台区成寿寺路 11 号
- 　邮编　100164　电子邮件　315@ptpress.com.cn
- 　网址　https://www.ptpress.com.cn
- 北京盛通印刷股份有限公司印刷
- ◆ 开本：700×1000　1/16
- 　印张：11.75　　　　　　　　2024 年 7 月第 1 版
- 　字数：260 千字　　　　　　2025 年 9 月北京第 2 次印刷

定价：68.00 元

读者服务热线： (010)81055296　印装质量热线： (010)81055316
反盗版热线： (010)81055315

编委会

主　任　李　辉　国家体育总局青少年体育司司长

　　　　曹景伟　国家体育总局体育科学研究所所长

副主任　姜庆国　国家体育总局青少年体育司副司长

　　　　袁　虹　国家体育总局体育科学研究所副所长

委　员　徐　杰　国家体育总局青少年体育司发展指导处处长

　　　　陈　石　国家体育总局青少年体育司发展指导处三级
　　　　　　　调研员

　　　　朱　伟　国家体育总局青少年体育司发展指导处一级
　　　　　　　主任科员

　　　　徐建方　国家体育总局体育科学研究所国民体质与
　　　　　　　科学健身研究中心主任

　　　　冯　强　国家体育总局体育科学研究所国民体质与
　　　　　　　科学健身研究中心副主任

　　　　张彦峰　国家体育总局体育科学研究所国民体质与
　　　　　　　科学健身研究中心副主任

　　　　李　良　国家体育总局体育科学研究所国民体质与
　　　　　　　科学健身研究中心副研究员

在线视频访问说明

本书提供了第 4 章和第 5 章部分练习的在线视频，可通过微信"扫一扫"，扫描每章第 1 页或图 1 所示的二维码进行观看。

图 1

● **步骤1**

点击微信聊天界面右上角的"+"，弹出功能菜单（图 2）。

● **步骤2**

点击弹出的功能菜单上的"扫一扫"，进入该功能界面，扫描每章第 1 页或图 1 所示的二维码，扫描后可直接观看视频（图 3）。

图 2　　　　　　　　图 3

扫描右方二维码添加企业微信，免费观看精准拉伸动作精讲视频。
- 首次添加企业微信的读者，添加后即刻获取视频链接。
- 已添加企业微信的读者，在企业微信中回复"59613"，则可获得视频链接。

目录

第4章　力量练习

第5章　热身与放松练习

第6章　力量训练计划

第 1 章

力量基础知识

1.1 力量的定义和影响因素

1.2 力量发展的敏感期

1.3 进行力量训练的意义

力量的定义和影响因素

■ 定义

人体的神经肌肉系统在对抗外部阻力时做功，此时所产生的力即为力量。无论外部负荷要求肌肉收缩来提供稳定性、耐力、最大力量，还是爆发力，都需要肌肉收缩所产生的力量。所有的运动都离不开力量素质。

· 力量的分类 ·

分类原则	分类
运动中的表现	最大力量、力量耐力、快速力量
身体不同部位	上肢力量、下肢力量、核心力量
与专项的关系	一般力量、专项力量
是否考虑体重	绝对力量、相对力量

● 最大力量、力量耐力与快速力量

最大力量是指在运动期间神经肌肉系统所生成的最大的力；力量耐力是指为抵抗外力，肌肉长时间在等长收缩状态下做功的能力，或者长时间重复进行某个动作的能力；快速力量是指人体肌肉或肌群快速发力的能力，其生成既需要力量，也需要速度，两者相结合。

● 上肢力量、下肢力量与核心力量

上肢力量主要由手臂、肩部和胸部等部位的肌肉产生，下肢力量主要来自腿部肌肉，核心力量来自人体核心部位（通常指腰椎-骨盆-髋关节复合体，包括腰腹部和髋部）的肌肉。核心部位位于人体中心，具有维持身体稳定、传递力量和协调上下肢运动的作用。

● 一般力量与专项力量

一般力量与专项力量分别指人体在执行非专项动作和专项动作时，肌肉在对抗外部阻力时做功所产生的力。通常，一般力量是基础，但不可替代专项力量。优质专项动作的完成，需同时具备一定水平的一般力量与专项力量。

● 绝对力量与相对力量

不将体重因素纳入考虑范围，人体能产生的最大的力被称为绝对力量；将体重因素考虑在内，人体单位体重能产生的最大的力被称为相对力量。相对力量同时受绝对力量和体重的影响，并强调了力量和体重之间存在的不可分割的联系。

■ 影响因素

没有哪两个人的力量特征是完全相同的，即使是同一个体，在不同年龄段所具有的力量也是不一样的。力量大小由多种因素决定，其中生理与发育源性因素、神经-肌肉源性因素是最主要的两种。

● 生理与发育源性因素

生理与发育源性因素主要来自性别、年龄、体形等。对于儿童青少年来说，他们的力量一般会随着年龄的增长而自然增长，增长速度在进入青春期后迅速增大，男孩与女孩的力量分别会于18岁左右与16岁左右接近最大值。成年后力量继续增长，但速度放缓，男性与女性的力量分别会在25岁左右和20岁左右达到最大值，且无论是绝对力量还是相对力量，成年男性通常都大于成年女性，这是因为男性的肌肉体积较大且肌肉占比更高。此外，体形也会导致个体力量上的差异，一般来说，肌肉含量越多且肌肉越发达的人，力量越大。

● 神经-肌肉源性因素

神经-肌肉源性因素是影响力量的微观因素，其影响来源于两大方面：肌肉收缩的物质基础与工作条件。

1 肌肉收缩的物质基础

肌肉收缩依赖于肌肉的物质基础，如初长度、代谢能量物质储备、横截面面积、快肌纤维比例，以及代谢酶活性等。一般来说，如果肌肉拥有较大的横截面面积、较大的初长度，且快肌纤维比例高，做功时生成的力会更大。此外，肌肉收缩会消耗能量，充足的代谢能量物质储备及高活性的代谢酶有助于维持肌肉收缩，使身体产生更大的力。

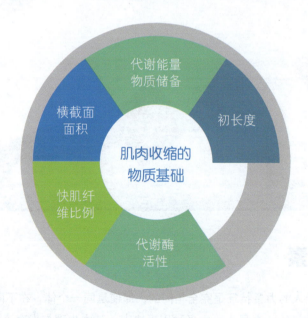

2 肌肉收缩的工作条件

来自中枢神经系统的冲动强度越大、被激活的肌纤维数量越多、肌纤维收缩同步化的程度越高，则肌肉收缩能力越强，产生的力量越大；反之则不利于生成力量。其中，肌纤维收缩同步化程度指肌纤维在多大程度上可以被同时激活收缩。

除了以上两种源性因素，营养源性因素、训练源性因素、心理源性因素等也会对力量素质产生一定的影响。

力量发展的敏感期

　　在儿童青少年的各年龄段，各种身体素质的发展速度不一样，具有阶段性特点，其发展高峰期往往叫作敏感或窗口期，是应重点把握的关键发展期。根据目前较被认可的运动员长期发展（Long-Term Athlete Development，LTAD）模型，力量的发展存在3个敏感期。由于男生与女生的身体发育时间有一定的差异，力量发展的敏感期出现的时间也有所不同。男生的敏感期第一阶段一般在身高突增期后6~12个月出现，即12~15岁，敏感期第二阶段在15~20岁，敏感期第三阶段在20~25岁；而女生的敏感期第一阶段一般在身高突增期或初潮后，即10~13岁，敏感期第二阶段在13~18岁，敏感期第三阶段在18~21岁。无论男生还是女生，力量都是在敏感期第一阶段增长速度最快，在后面两个阶段增长速度逐渐变慢。

·力量发展的敏感期·

性别	男生	女生
力量发展的敏感期出现的时间	敏感期第一阶段：12~15岁	敏感期第一阶段：10~13岁
	敏感期第二阶段：15~20岁	敏感期第二阶段：13~18岁
	敏感期第三阶段：20~25岁	敏感期第三阶段：18~21岁

进行力量训练的意义

● 有益于其他身体素质的发展

　　身体素质即人体于生活与运动中所表现出的多种身体机能，这里提到的身体素质主要是与运动相关的机能，即柔韧性、协调性、平衡性、灵敏性、心肺耐力、力量、爆发力、速度。其中，力量是各项身体素质的基础，相当于身体素质金字塔的底座，少了它，发展其他身体素质就成了空谈。

● 助力健康生活

力量是健康生活的基本要素。只有具备了一定水平的力量素质，我们才可以自行且轻松地完成日常生活和工作中的很多活动，而无须他人帮忙，如搬运重物等。反之，如果力量素质较差，我们可能在做各种动作时失衡摔倒，可能时常感到身体劳累和疼痛，甚至可能无法自主行走，更别说完成其他更复杂的活动了。因此，我们必须使自身的力量素质保持在足以支撑我们完成目标活动的水平。然而，人体的力量水平会在20~25岁达到巅峰，之后会随着年龄的增长而下降，所以通过抗阻训练来提高肌肉含量和力量水平非常重要。此外，抗阻训练还具有提高骨密度、控制血压与血糖的作用。这些都有助于我们更健康地生活。

● 提升运动表现

要想高质量地完成专项动作，从而在运动场上具备高水平的运动表现，力量素质必须达到一定水平。例如，体操运动员要想安全、高效地完成各种支撑和旋转动作，必须具备足够的力量；标枪运动员如果没有强大的力量支撑，就不能将标枪掷远。对于儿童青少年来说，高水平的力量素质既有助于他们安全地参与运动，也有助于他们更快掌握运动技能，从而拥有更好的运动表现。

● 降低受伤概率

人体做出各种动作都依赖于肌肉收缩产生力并带动关节运动，因此力的大小对动作质量有很大影响。这无论对于日常生活还是专项运动，都很重要。强

无法完成动作，如无法举起重物等

力量不足的危害

通过代偿完成动作，造成身体组织损伤

大的力量能支持身体以科学的方式完成动作，且完成质量较好。力量不足的话，人体一是无法完成动作，如无法举起重物等；二是会通过代偿完成动作，如以变形的动作强行举起重物等，而长时间的代偿会引发身体组织的损伤，有些代偿甚至会使人体在做动作的当下就出现损伤。因此，增强力量可以在很大程度上预防或减少身体损伤。

● 达到课标要求

儿童青少年时期是力量发展的重要时期。根据《义务教育体育与健康课程标准（2022

年版）》和《普通高中体育与健康课程标准（2017年版）》，处于水平二的学生应体验并知道发展肌肉力量和肌肉耐力的多种练习方法；处于水平三的学生应了解并运用发展肌肉力量和肌肉耐力的基础知识和多种练习方法；处于水平四的学生应理解并运用发展肌肉力量和肌肉耐力的基本原理和多种练习方法；高中生应掌握并运用发展肌肉力量和肌肉耐力的基本原理和多种练习方法。此外，根据《国家学生体质健康标准（2014年修订）》，学生需进行1分钟仰卧起坐、引体向上和立定跳远这几项可评估力量水平的测试并达到一定的标准。上述测试的标准如第8~11页所示。

· 各水平等级的力量要求 ·

水平等级	力量要求
水平二	体验并知道发展肌肉力量和肌肉耐力的多种练习方法，如上坡跑、跳跃障碍、仰卧起坐、支撑、悬垂、举轻哑铃、连续单脚跳等
水平三	了解并运用发展肌肉力量和肌肉耐力的基础知识和多种练习方法，如跳台阶、团身跳、举哑铃、仰卧卷腹、俯卧两头起等
水平四	处于水平四的学生应理解并运用发展肌肉力量和肌肉耐力的基本原理和多种练习方法，如蛙跳、前抛实心球、哑铃负重深蹲、引体向上、仰卧举腿等
高中生	掌握并运用发展肌肉力量和肌肉耐力的基本原理和多种练习方法，如仰卧起坐、俯卧撑、双杠臂屈伸、单杠引体向上等

1分钟仰卧起坐　体质健康测试中与力量相关的项目　引体向上　立定跳远

男生1分钟仰卧起坐、引体向上单项评分表ᵃ（单位：次）

等级	单项得分	三年级	四年级	五年级	六年级	初一	初二	初三	高一	高二	高三
优秀	100	48	49	50	51	13	14	15	16	17	18
	95	45	46	47	48	12	13	14	15	16	17
	90	42	43	44	45	11	12	13	14	15	16
良好	85	39	40	41	42	10	11	12	13	14	15
	80	36	37	38	39	9	10	11	12	13	14
及格	78	34	35	36	37						
	76	32	33	34	35	8	9	10	11	12	13
	74	30	31	32	33						
	72	28	29	30	31	7	8	9	10	11	12
	70	26	27	28	29						
	68	24	25	26	27	6	7	8	9	10	11
	66	22	23	24	25						
	64	20	21	22	23	5	6	7	8	9	10
	62	18	19	20	21						
	60	16	17	18	19	4	5	6	7	8	9
不及格	50	14	15	16	17	3	4	5	6	7	8
	40	12	13	14	15	2	3	4	5	6	7
	30	10	11	12	13	1	2	3	4	5	6
	20	8	9	10	11		1	2	3	4	5
	10	6	7	8	9			1	2	3	4

ᵃ三年级至六年级男生的测试项目为1分钟仰卧起坐；初中男生和高中男生的测试项目为引体向上。

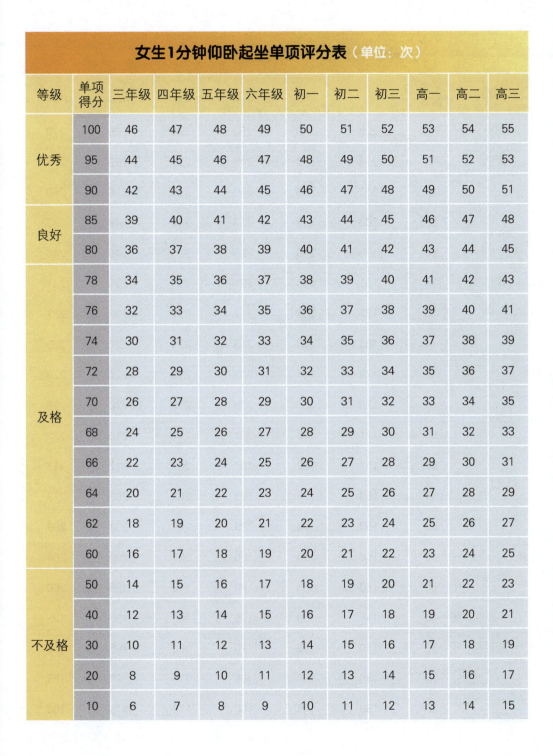

女生1分钟仰卧起坐单项评分表（单位：次）

等级	单项得分	三年级	四年级	五年级	六年级	初一	初二	初三	高一	高二	高三
优秀	100	46	47	48	49	50	51	52	53	54	55
	95	44	45	46	47	48	49	50	51	52	53
	90	42	43	44	45	46	47	48	49	50	51
良好	85	39	40	41	42	43	44	45	46	47	48
	80	36	37	38	39	40	41	42	43	44	45
及格	78	34	35	36	37	38	39	40	41	42	43
	76	32	33	34	35	36	37	38	39	40	41
	74	30	31	32	33	34	35	36	37	38	39
	72	28	29	30	31	32	33	34	35	36	37
	70	26	27	28	29	30	31	32	33	34	35
	68	24	25	26	27	28	29	30	31	32	33
	66	22	23	24	25	26	27	28	29	30	31
	64	20	21	22	23	24	25	26	27	28	29
	62	18	19	20	21	22	23	24	25	26	27
	60	16	17	18	19	20	21	22	23	24	25
不及格	50	14	15	16	17	18	19	20	21	22	23
	40	12	13	14	15	16	17	18	19	20	21
	30	10	11	12	13	14	15	16	17	18	19
	20	8	9	10	11	12	13	14	15	16	17
	10	6	7	8	9	10	11	12	13	14	15

男生立定跳远单项评分表（单位：厘米）

等级	单项得分	初一	初二	初三	高一	高二	高三
优秀	100	225	240	250	260	265	270
	95	218	233	245	255	260	265
	90	211	226	240	250	255	260
良好	85	203	218	233	243	248	253
	80	195	210	225	235	240	245
及格	78	191	206	221	231	236	241
	76	187	202	217	227	232	237
	74	183	198	213	223	228	233
	72	179	194	209	219	224	229
	70	175	190	205	215	220	225
	68	171	186	201	211	216	221
	66	167	182	197	207	212	217
	64	163	178	193	203	208	213
	62	159	174	189	199	204	209
	60	155	170	185	195	200	205
不及格	50	150	165	180	190	195	200
	40	145	160	175	185	190	195
	30	140	155	170	180	185	190
	20	135	150	165	175	180	185
	10	130	145	160	170	175	180

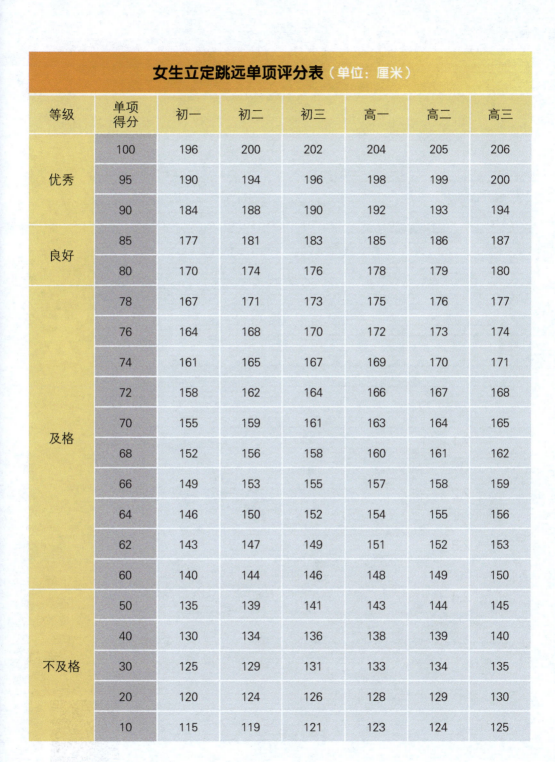

等级	单项得分	初一	初二	初三	高一	高二	高三
优秀	100	196	200	202	204	205	206
	95	190	194	196	198	199	200
	90	184	188	190	192	193	194
良好	85	177	181	183	185	186	187
	80	170	174	176	178	179	180
及格	78	167	171	173	175	176	177
	76	164	168	170	172	173	174
	74	161	165	167	169	170	171
	72	158	162	164	166	167	168
	70	155	159	161	163	164	165
	68	152	156	158	160	161	162
	66	149	153	155	157	158	159
	64	146	150	152	154	155	156
	62	143	147	149	151	152	153
	60	140	144	146	148	149	150
不及格	50	135	139	141	143	144	145
	40	130	134	136	138	139	140
	30	125	129	131	133	134	135
	20	120	124	126	128	129	130
	10	115	119	121	123	124	125

女生立定跳远单项评分表（单位：厘米）

第 **2** 章
简易力量测试方法

2.1

俯卧撑测试

■ 目的

评估上肢肌肉的力量。

■ 器材

瑜伽垫、秒表或其他计时设备。

■ 步骤

A 标准俯卧撑测试步骤

01 双手和双脚撑于瑜伽垫上，双臂伸直，双手位于双肩正下方，头部、躯干和双腿成一条直线。

02 听到"开始"口令时，身体下降至双肘屈曲90度，然后回到起始姿势。在动作正确的前提下，尽可能多地重复动作，直至听到"停止"口令。在整个测试过程中，核心收紧，且头部、躯干和双腿始终在一条直线上。

B 跪姿俯卧撑测试步骤

01 双手和双膝撑于瑜伽垫上，双臂伸直，头部、躯干和大腿成一条直线。

02 听到"开始"口令时，身体下降至双肘屈曲90度，然后回到起始姿势。在动作正确的前提下，尽可能多地重复动作，直至听到"停止"口令。在整个测试过程中，核心收紧，且头部、躯干和大腿始终在一条直线上。

▣ 数据

计算在给定时间（通常为30秒至2分钟）内的重复次数或姿势变形前的重复次数。

▣ 提示

> 1. 在测试过程中，保持正常呼吸。
> 2. 标准俯卧撑测试要求全程保持头部、躯干和双腿成一条直线，不要塌腰、抬臀和仰头；跪姿俯卧撑测试要求全程保持头部、躯干和大腿成一条直线，不要塌腰、抬臀和仰头。
> 3. 若动作错误，则当次重复不计入总次数；若无法以正确动作进行测试，则测试当即结束。
> 4. 双臂伸直时，肘关节不应过度伸展，也不应锁死。
> 5. 若无法以标准的俯卧撑动作进行测试，可进行跪姿俯卧撑测试。

2.2

卷腹测试

▣ 目的

评估腹肌（腹直肌上部）的力量。

▣ 器材

瑜伽垫、秒表或其他计时设备。

▣ 步骤

01 仰卧于瑜伽垫上，背部紧贴瑜伽垫，双臂平放于身体两侧。双膝屈曲，双脚间距同肩宽，且脚掌平贴瑜伽垫。

02 听到"开始"口令时，腹部发力，使头部和肩部抬离瑜伽垫，双臂前伸。之后，头部、肩部缓慢下放，回到起始姿势。在动作正确的前提下，尽可能多地重复动作，直至听到"停止"口令。在整个测试过程中，颈部和肩部保持放松，下背部和双脚不要离开瑜伽垫。

数据

计算在给定时间（通常为30秒至2分钟）内的重复次数或姿势变形前的重复次数。

提示

> 1. 在测试过程中，保持正常呼吸。
> 2. 全程保持肩部和颈部放松，依靠腹部的力量使头部和肩部抬离瑜伽垫。
> 3. 头部和肩部抬离瑜伽垫即可，不要抬起整个背部。
> 4. 全程保持下背部和双脚不离开瑜伽垫。
> 5. 若动作错误，则当次重复不计入总次数；若无法以正确动作进行测试，则测试当即结束。

2.3

深蹲测试

目的

评估下肢肌肉的力量。

器材

秒表或其他计时设备。

步骤

01 站立，双脚分开，与肩同宽，双臂自然垂于体侧。

02 听到"开始"口令时，屈髋屈膝下蹲，双臂前平举然后在保持重心稳定的基础上伸髋伸膝，回到起始姿势。在动作正确的前提下，尽可能多地重复动作，直至听到"停止"口令。在整个测试过程中，双眼平视前方，背部挺直，膝关节与脚尖始终指向同一方向。

数据

计算在给定时间（通常为30秒至2分钟）内的重复次数或姿势变形前的重复次数。

01　　　　　　　　**02**

提示

> 1. 在测试过程中，保持正常呼吸。
> 2. 下蹲时，颈部和背部始终在一条直线上，脊柱处于中立位。
> 3. 膝关节与脚尖始终指向同一方向。
> 4. 若动作错误，则当次重复不计入总次数；若无法以正确动作进行测试，则测试当即结束。
> 5. 为了防止出现因重心不稳而摔伤的情况，可以将35~45厘米高的椅子放在被测试者后方，作为保护工具。

2.4

纵跳测试

■ 目的

评估下肢的向上爆发力。

■ 器材

卷尺、粉笔或其他可着色物质。

■ 步骤

01 受试者在优势侧手指上涂抹与墙壁颜色有显著区别的粉笔末或其他可着色物质。接着，受试者侧对墙壁站立，双脚分开，与肩同宽，优势侧手臂贴近墙壁，向上伸展至极限，手指在墙上做记号。然后，受试者双臂向下、向后摆，屈髋屈膝下蹲。

02 受试者双臂向上摆，伸髋伸膝，双脚下蹬，用力向上跳跃并向上伸展优势侧手臂，同时手指在可触摸的最高点做记号。测量两个记号与地面的垂直距离。该测试进行3次，取最远的1次距离。

■ 数据

用卷尺测量两个记号与地面的垂直距离，将二者相减，得到测试成绩（精确到1厘米）。

■ 提示

❯ 每次跳跃前休息1分钟，以确保纵跳数据的准确性。
❯ 进行该测试需要足够的垂直空间。

第 3 章

力量训练简述

力量训练类型

·力量训练的分类·

分类原则	分类
训练目的	肌肉肥大训练、最大力量训练、力量耐力训练
动态或静态	静力性训练、动力性训练
负荷类型	自重训练、自由重量训练、固定器械训练

肌肉肥大训练、最大力量训练和力量耐力训练

　　肌肉肥大训练是为了增大肌肉尺寸，本质是增大肌纤维的横截面面积。一般情况下，肌肉肥大训练采用较高强度和中等重复次数的训练模式，对目标肌肉进行刺激，从而达到训练目的。肌肉肥大训练的推荐强度为1RM的75%~85%，推荐重复次数为8~12次，推荐组数为3~4组，推荐间歇为45~90秒。

　　最大力量训练是为了提升最大力量，这种训练可以增大肌肉的横截面面积，同时提高肌肉间及肌纤维之间的协调性。最大力量训练一般采用高强度、低重复次数的训练模式，推荐强度为1RM的85%以上，推荐重复次数为6次以内，推荐组数为3~6组，推荐间歇为3~5分钟。

　　力量耐力训练的目的是提升肌肉持续发力或在一定时间内不断发力的能力，有助于提高个体的稳定性。力量耐力训练多采用低强度和高重复次数的训练模式，推荐强度为1RM的50%~70%，推荐重复次数为12~25次，推荐组数为1~3组，推荐间歇为30~60秒。

· 不同训练方法的主要参数 ·

训练方法	推荐强度	推荐重复次数	推荐组数	推荐间歇
肌肉肥大训练	1RM的75%~85%	8~12次	3~4组	45~90秒
最大力量训练	1RM的85%以上	<6次	3~6组	3~5分钟
力量耐力训练	1RM的50%~70%	12~25次	1~3组	30~60秒

静力性训练和动力性训练

个体进行静力性训练时，目标肌肉持续发力，以在一定时间内维持规定的姿势。在训练过程中，肌肉收缩的长度相对固定。臀桥、靠墙半蹲等均属于静力性训练。

个体进行动力性训练时，肌肉交替收缩、伸展，并在空间上发生一定的位移。在训练过程中，肌肉收缩的长度会有明显变化。弓步走、深蹲等均属于动力性训练。动力性训练可分为等张训练、等速训练、快速伸缩复合训练等。

自重训练、自由重量训练和固定器械训练

自重训练需要克服的阻力来自自身体重，不需要外部器械来增加负荷。深蹲、卷腹及平板支撑等都属于自重训练。

自由重量训练需要克服的阻力来自哑铃、杠铃、壶铃等器械。训练时，这类器械的运动轨迹是不固定的，人体需要募集更多肌肉来维持身体稳定，训练动作更接近日常动作模式。此外，自由重量器械还具有占地面积较小、价格低廉和用途广泛等优点。

固定器械训练需要克服的阻力来自倒蹬机、推胸机等器械。训练时，这类器械的运动轨迹是固定的，训练者可专注于对抗阻力，因此更易掌握训练技巧且可使用更大的负荷。相较于自由重量器械，固定器械占地面积较大、价格高昂，且有的用途单一。

· 不同训练方法的优缺点 ·

优缺点	自重训练	自由重量训练	固定器械训练
优点	不需要外部器械	接近日常动作模式，更多肌肉参与，所用器械占地面积小、价格低廉、用途广泛	可使用更大的负荷，专注于对抗阻力
缺点	负荷不够	运动轨迹不固定，容易受伤	所用器械占地面积大、价格高，有的用途单一

3.2

常用力量训练小器械

■ 哑铃

哑铃为常见健身器械，属于自由重量器械。其材质为铸铁或其他金属。哑铃包括固定重量和可调节重量两种类型。可调节重量的哑铃通过增减手柄两端的铁片来调节重量，以适应不同人群、不同部位和不同目的的训练。训练者可单独使用哑铃，通过推、拉哑铃等动作来发展力量，也可将其与弹力带、瑞士球等器械配合使用，以达到多种训练目的。进入力量发展敏感期的儿童青少年开始进行负重训练，可先选择较轻的哑铃，然后根据力量水平的提高逐步增加重量。

■ 弹力带

弹力带也是常见的健身器械，属于可变阻力器械。其由橡胶制成，具有不同的尺寸、外形及弹性。不同颜色的弹力带所能提供的阻力不同。一些器材商将颜色和阻力的对应关系设为：颜色越浅，阻力越小；颜色越深，阻力越大。训练时，弹力带在被拉长的过程中产生阻力，训练者需要克服阻力以完成训练动作。弹力带有两个显著的特点：一是其提供的阻力会随着自身长度的变化而变化，这意味着训练者在不同的动作阶段需要克服的阻力是不同的，因此同样的动作模式，使用弹力带和使用哑铃等自由重量器械所产生的效果是不一样的；二是弹力带提供的阻力的方向与其被拉长的方向相反，因此弹力带可以提供多方向的阻力，适用性在一定程度上比只能提供向下阻力的自由重量器械更好。基于这两个特点，在为儿童青少年选择弹力带和训练动作时应更加谨慎，以使他们在动作全程均可承受阻力。在训练初期，儿童青少年应该选择难度较低的训练动作，并使用阻力较小的弹力带。随着自身能力的提升，儿童青少年应逐渐提升动作难度和弹力带阻力。此外，还应注意，使用过久的弹力带可能老化，被拉长时存在断裂风险，应及时更换。

🔲 药球

　　药球最早用于康复治疗，如今在体能训练和健身中也常常使用到。其表面材质为皮革、尼龙或橡胶，内部或为空心，或填充沙粒等物质。药球具有不同的尺寸和重量，一般直径为20~50厘米，重量为1~10千克，且有的具有弹性，有的无弹性。另外，根据形状的不同，药球可分为球形、单耳、双耳和绳索4种。药球作为自由重量器械，主要用于上肢和躯干的力量训练，训练动作以举、推、抛、接等为主。训练时，儿童青少年应选用尺寸和重量合适的药球，且双手训练使用的药球可略重于单手训练使用的。此外，抛、接药球的训练通常由双人完成，需要在较宽敞的空间内进行，还要格外注意安全。

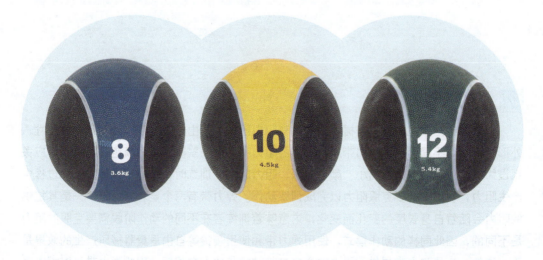

壶铃

壶铃也是一种自由重量器械，其外形与哑铃等有明显区别，如同带把手的球；一般使用铸铁或其他金属材质制成，把手和壶底都做了防滑处理。壶铃最独特之处为重心在把手外，训练者可以使用它进行甩摆动作，让整个身体得到锻炼，因而该器械非常适用于功能性训练。此外，壶铃训练能帮助训练者同时提升力量、柔韧性、平衡性、心肺耐力等多种身体素质，非常高效。对于儿童青少年来说，壶铃训练具备一定的难度，必须从最小重量的壶铃和简单的训练动作开始练起。最应注意的是，壶铃脱手或掉落具有一定的危险性，所以儿童青少年在训练时必须有教练、教师或家长进行监护。

3.3

力量训练注意事项

遵循科学方案

任何训练都需要循序渐进、持之以恒，训练负荷和训练量都应慢慢增加，且需要遵循一定的规律。就力量训练而言，儿童青少年缺乏训练经验，且正处于生长发育中，一定要选择与其心理和生理状况相匹配的训练负荷和训练量，否则很容易影响到他们的身心发展。这里需要注意的是，个体的发展存在差异性，相同年龄的个体情况可能不同，不同的个体并不一定适合同样的训练方案，需根据实际情况进行适当调整。此外，需密切关注儿童青少年心理和生理状况的变化，及时调整训练方案。

在设计和调整训练方案时需遵循以下几点。

首先，年龄较小的个体应以学习动作模式为主，由自身体重提供阻力即可，不宜过多使用外部负荷。进入力量发展敏感期的个体可开始使用较小的负荷，之后逐渐增加负荷。但需要注意的是，一些自重训练不适合体重过重或过轻的个体，如俯卧撑等，这时需选择合适的替代方案。另外，在学习新的训练动作时，不宜使用过大负荷。

其次，具体的训练负荷和训练量应根据训练目标和儿童青少年的力量素质水平而定。但对于没有力量训练经验的儿童青少年来说，无论其力量素质水平如何，一开始的训练负荷和训练量都不宜过大，否则可能降低他们的训练兴趣且提高受伤的风险。此外，不同的训练动作并非要遵循相同的训练量，而应结合训练部位、动作难度和训练总时长做具体的考量。

最后，训练内容的安排要科学合理，兼顾身体各处肌肉的发展。在一个完整的训练课中，训练动作的数量应适中，过少则训练比较枯燥，过多则训练难度较大。不同的训练课，除了要循序渐进地增加训练负荷和训练量，也要适当调整训练动作，以增加训练的挑战性和趣味性。此外，还要合理规划训练动作的顺序，如多关节动作应安排在单关节动作之前等。

01

训练负荷应适宜

- 年龄较小的个体：由自身体重提供阻力即可。
- 进入力量发展敏感期的个体：开始使用较小的负荷，之后逐渐增加负荷。

02

训练负荷和训练量应适宜

- 根据训练目标和儿童青少年的力量素质水平而定。不同训练动作的训练量应结合训练部位、动作难度和训练总时长做具体的考量。

03

训练内容应科学合理

- 训练动作的数量应适中并随训练进程做出适当调整。
- 合理规划训练动作的顺序。

掌握练习要点

　　以正确的动作模式和合理的频率、强度等进行训练有助于让身体以更加科学的方式进行运动，能提高动作效率，降低损伤频率，让训练更加安全、高效。

　　每个力量训练动作都有其技术标准，儿童青少年在训练之前必须掌握训练动作的步骤和要点，了解以正确的动作模式和强度进行训练的感觉、训练动作的易错点，才能开始训练。儿童青少年能以正确的技术熟练地完成训练动作后，才可以增加负荷，否则可能会受伤。此外，必须让儿童青少年明白，应以高质量地完成训练动作为目标，而非盲目追求大重量和多次数。在训练过程中，教练、教师或家长应全程观察并做必要的提示，一旦儿童青少年的动作变形，立即叫停训练，并调整训练负荷和训练量。

✓ 高质量完成训练动作

✗ 盲目追求大重量和多次数

! 一旦动作变形，立即叫停训练。

重视热身和放松

　　热身和放松是一次完整训练的必要环节。一方面，热身能够提高体温，活动关节；另一方面，热身能让身体预先以相对较低的强度进行接下来的运动涉及的动作，从而让身体做好准备，以提升运动表现并预防损伤。热身通常包括一般热身和专项热身，前者的重点是提高体温和活动关节，后者的重点是预先练习动作模式。在进行力量训练之前，可通过动态拉伸来激活核心肌群，活动主要关节，预先练习动作模式，为正式训练做好准备。一般情况下，不将静态拉伸作为热身练习，因为它可能会降低接下来的运动表现。

　　在任何运动结束之后，都应进行较低强度的放松练习，以让体温和心率逐渐下降，同时，促进体内代谢废物的排出。这一阶段的肌肉放松可通过静态拉伸与PNF拉伸进行。力量训练的强度较大，结束后很有必要对目标肌肉进行放松，以缓解肌肉酸痛。此外，在训练结束后对肌肉进行按摩、补充蛋白质和进行充足的休息也有助于身体恢复。

重视监督和反馈

对儿童青少年的训练过程进行监督，并根据他们的语言和动作反馈来判断训练动作、强度是否合适，是确保训练高效、安全的重要途径。

监督员应由具有体能训练经验的专业人员担任。监督员应熟悉儿童青少年当节训练课包含的训练动作，从而能及时发现并纠正儿童青少年存在的技术错误，并提供必要的保护。一些力量训练动作有一定的难度，存在一定的危险性，如壶铃甩摆、杠铃深蹲等，监督员的保护必不可少。

反馈是一个相互的过程：监督员要通过反馈让儿童青少年了解训练动作的完成情况，并适时给予鼓励；儿童青少年要通过反馈让监督员了解自身的训练感觉，从而让监督员根据儿童青少年的训练状态判断当前训练动作、强度是否合理，以做出合适的调整。监督员一定要在训练前告知儿童青少年及时反馈的重要性，切忌在身体不适的情况下逞强。

重视补水和恢复

力量训练的过程中要重视补水和恢复，对儿童青少年来说更是如此。如果训练者在力量训练过程中出现水分缺失，可造成核心温度升高、疲劳感增加，其训练积极性、神经肌肉控制能力、准确度、爆发力、力量、肌肉耐力等都会显著下降，从而影响整体运动表现。相较于成年人，儿童青少年脱水的风险更高。

同时，力量训练过程中应安排适当的间歇，使肌肉恢复，以利于下一组动作的进行；力量训练结束后也应合理休息，让身体放松并恢复，为下一次训练做好准备。

确保训练安全

训练前，应选择安全的环境，活动空间大、通风好、温度和湿度适中的环境会极大地降低危险事件发生的概率；检查地面和器械，保证地面无任何可能导致跌倒、划伤的危险物品，器械安全、完好，可以放心使用。

训练时，应着装合适，并在安全的环境中进行。宽松或弹性较大的运动服和合适的运动鞋有助于扩大活动范围，从而让儿童青少年以更高的效率进行训练。进行力量训练时，穿着的鞋必须防滑，这样儿童青少年才能有一个稳定的根基。

此外，前文提到的遵循科学方案、重视监督和反馈等也都是确保训练安全的重要措施。

在进行力量训练之前，还应确保儿童青少年做好了心理准备。他们只有不排斥力量训练，才能遵循训练要求，认真学习训练要点，以积极、专注的态度投入训练。

提升训练兴趣

采用多种措施提升儿童青少年的训练兴趣有助于他们坚持训练，养成规律运动的习惯。一方面，应帮助儿童青少年充分了解定期进行身体训练的益处和必要性，形成积极的引导，让他们从思想上重视和接受身体训练。另一方面，训练安排应让儿童青少年感到有趣且具有一定的挑战性，不能让他们过于劳累而产生厌烦、抵触情绪，如尽可能安排简单但多样的训练动作、采用游戏或比赛等组织形式、使用适当的激励措施等。如果儿童青少年不喜欢某种训练方式，应及时与其沟通原因，进而做出更换训练方式、更改训练强度等有效调整。

第 4 章

力量练习

4.1 ▶ 上肢力量练习

哑铃-坐姿-基本弯举-双臂

01 坐在训练椅上，双脚分开，与肩同宽，双脚平放在地上。双手各握一只哑铃，自然垂于身体两侧，掌心向前。

要点

在运动过程中，上臂始终贴靠躯干。

02

上臂紧贴身体，肘关节屈曲，使哑铃最大限度地靠近双肩。回到起始姿势，重复规定次数。

➤ **器材** 哑铃、训练椅

➤ **主要部位** 手臂

➤ **主要肌肉** 肱二头肌、肱肌

4.1 ▶ 上肢力量练习

哑铃-坐姿-基本弯举-单臂

01

坐在训练椅上，双脚分开，略大于肩宽，双脚平放在地上。身体前倾，一侧手握哑铃，该侧手臂自然垂于体前，肘关节贴于同侧大腿内侧并固定，掌心向内。另一侧手臂屈肘，手撑于膝关节处。

> **要点**
>
> 在运动过程中，手肘始终固定于大腿内侧。除了前臂之外，身体其他部位尽量保持不动。

02

握哑铃侧肘关节屈曲，使哑铃最大限度地靠近肩部。回到起始姿势，重复规定次数。换对侧重复。

 器材　哑铃、训练椅

主要部位　手臂

主要肌肉　肱二头肌、肱肌

4.1　上肢力量练习

哑铃-坐姿-锤式弯举-双臂

01

坐在训练椅上，双脚分开，与肩同宽，双脚平放在地上。双手各握一只哑铃，自然垂于身体两侧，掌心相对。

要点

在运动过程中，上臂始终贴靠躯干。

02

上臂紧贴身体，肘关节屈曲，使哑铃最大限度地靠近双肩。回到起始姿势，重复规定次数。

 器材　哑铃、训练椅

主要部位　手臂

主要肌肉　肱二头肌、肱肌

4.1 ▶ 上肢力量练习

哑铃-坐姿-锤式弯举-单臂

01

坐在训练椅上，双脚分开，略大于肩宽，双脚平放在地上。身体前倾，一侧手握哑铃，该侧手臂自然垂于体前，肘关节贴于同侧大腿内侧并固定，掌心向后。另一侧手臂屈肘，手撑于膝关节处。

> **要点**
>
> 在运动过程中，手肘始终固定于大腿内侧。除了前臂之外，身体其他部位尽量保持不动。

02

握哑铃侧肘关节屈曲，使哑铃最大限度地靠近肩部，保持掌心向后。回到起始姿势，重复规定次数。换对侧重复。

器材 哑铃、训练椅

主要部位 手臂

主要肌肉 肱二头肌、肱肌

4.1 ▶ 上肢力量练习

哑铃-站姿-反向弯举-双臂

01 双脚分开,与肩同宽。双手各握一只哑铃,自然垂于身体前侧,掌心向后。

02

上臂贴靠躯干,肘关节屈曲,使哑铃最大限度地靠近双肩。回到起始姿势,重复规定次数。

器材 ▶ 哑铃

主要部位 ▶ 手臂

主要肌肉 ▶ 肱二头肌、肱桡肌、肱肌、旋前方肌、旋前圆肌

要点

在运动过程中,上臂始终贴靠躯干。

4.1 上肢力量练习

弹力带-站姿-水平弯举-单臂

01

将弹力带一端固定在身体正前方，一侧手握住弹力带另一端，该侧手臂屈曲并上抬至上臂与地面接近平行，另一侧手固定其肘关节，保持弹力带有一定的张力。

02

握弹力带侧上臂尽量保持固定，肘关节最大限度地屈曲。回到起始姿势，重复规定次数。换对侧重复。

器材 > 弹力带

主要部位 > 手臂

主要肌肉 > 肱二头肌、肱肌

要点

在运动过程中，除了前臂之外，身体其他部位尽量保持不动。

4.1 ▶ 上肢力量练习

臂屈伸

01 背对椅子，双手撑于椅子上，双脚向前，屈膝90度，小腿垂直于地面。

要点

在运动过程中，双肘不要向外打开，不要耸肩。

器材 ▶ 椅子

主要部位 ▶ 手臂

主要肌肉 ▶ 肱三头肌

02 双臂同时屈肘至上臂与地面接近平行，同时屈髋。双臂同时发力伸肘，回到起始姿势，完成规定次数。

4.1 ▶ 上肢力量练习

哑铃-坐姿-颈后臂屈伸-单铃-双臂

01 坐在训练椅上，双脚分开，大于肩宽，双脚平放在地上。双手握一只哑铃举于头上，双臂伸直。

要点

下放哑铃时，双肘不要向外打开。

02

上臂尽量保持不动，屈曲肘关节，使前臂低于水平位置。双臂发力伸肘，回到起始姿势，重复规定次数。

器材 ▶ 哑铃、训练椅

主要部位 ▶ 手臂

主要肌肉 ▶ 肱三头肌

4.1 ▶ 上肢力量练习

哑铃-站姿俯身后拉-臂屈伸-双臂

01 双脚分开，与肩同宽，双手各握一只哑铃。微屈膝，向前俯身。双臂自然下垂，掌心相对。

要点

双臂向后拉时，双肘不要向外打开。抬起前臂时，除了前臂之外，身体其他部位尽量保持不动。

02 上背部发力，双臂向后拉至身体两侧，然后向上抬起前臂至双臂完全伸直。回到起始姿势，重复规定次数。

器材 哑铃

主要部位 手臂、背部

主要肌肉 肱三头肌、肱二头肌、斜方肌、背阔肌

4.1 上肢力量练习

弹力带-坐姿-臂屈伸-单臂

01 坐在训练椅上，双脚分开，与肩同宽。将弹力带中段固定在脚下，双手分别握住弹力带两端。一侧手臂自然置于身体一侧，另一侧上臂贴靠身体，肘关节屈曲90度，掌心朝向对侧，保持弹力带有一定的张力。

要点

在运动过程中，保持核心收紧，背部挺直，身体稳定。

02

一侧手臂、躯干及下肢保持稳定，另一侧上臂后侧发力，向后拉弹力带，至手臂完全伸直。回到起始姿势，重复规定次数。换对侧重复。

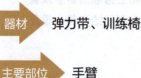

器材 弹力带、训练椅

主要部位 手臂

主要肌肉 肱三头肌

弹力带－站姿－伸腕－单臂

01 将弹力带中段固定在脚下，双手分别握住弹力带两端。一侧手臂自然垂于身体一侧，另一侧手臂伸直上抬，掌心向下，保持弹力带有一定的张力。

02 上抬手臂保持稳定，向上伸腕。回到起始姿势，重复规定次数。换对侧重复。

器材 ▶ 弹力带

主要部位 ▶ 手臂

主要肌肉 ▶ 腕伸肌

要点

在运动过程中，除了手腕之外，身体其他部位尽量保持不动。

4.1 ▶ 上肢力量练习

药球-站姿-前平举

01 双脚分开，与肩同宽，双腿伸直。双手持药球，双臂自然垂于体前。

02 双臂保持伸直，双臂向上抬起至与地面平行。回到起始姿势，重复规定次数。

器材 ▶ 药球

主要部位 ▶ 肩部

主要肌肉 ▶ 三角肌

要点

除了手臂之外，身体其他部位尽量保持不动。

4.1 ▶ 上肢力量练习

哑铃-站姿-俯身侧平举-双臂

01 双脚分开，大于肩宽。屈髋屈膝，向前俯身。双手各握一只哑铃，双臂自然下垂，掌心相对。

要点

在运动过程中，保持核心收紧，背部挺直，身体稳定。双臂抬起时，不要耸肩。

02

上背部发力，双臂同时向两侧抬起至与躯干形成T字，此时双臂在一条直线上。回到起始姿势，重复规定次数。

器材 ▶ 哑铃

主要部位 ▶ 背部、肩部

主要肌肉 ▶ 斜方肌、三角肌后束

4.1 上肢力量练习

壶铃-站姿-过顶上举-单臂

01 身体挺直，双脚分开，与肩同宽。一侧手握壶铃，同侧肘屈曲，将壶铃置于上臂前方，形成架式支撑姿势。对侧手臂自然下垂。

02 持壶铃侧手臂发力，将壶铃向上推举至手臂伸直。回到起始姿势，重复规定次数。换对侧重复。

器材 壶铃

主要部位 手臂、肩部、背部、核心

主要肌肉 肱三头肌、三角肌前束、斜方肌、核心肌群

要点

在动作过程中，始终保持身体挺直，垂直向上推举壶铃。

4.1 ▶ 上肢力量练习

壶铃-仰卧-单臂推举-屈膝

01

仰卧于瑜伽垫上，双膝屈曲。一侧手握壶铃，同侧肘屈曲，将壶铃置于上臂上方，形成架式支撑姿势。

02

肩部前侧和上臂后侧发力，上推壶铃至手臂伸直。回到起始姿势，重复规定次数。换对侧重复。

器材 壶铃、瑜伽垫

主要部位 手臂、肩部、胸部

主要肌肉 肱三头肌、三角肌前束、胸大肌

要点

手垂直向上推举壶铃，不要向一侧偏斜。

4.1 ▶ 上肢力量练习

弹力带-坐姿-肩推-双臂

01 坐在瑜伽垫上，双腿屈曲，双脚分开，与肩同宽，双脚平放于瑜伽垫上，双手分别握弹力带两端于肩部两侧，弹力带中段固定在臀部下方，背部挺直，保持弹力带有一定的张力。

器材 ▶ 弹力带、瑜伽垫

主要部位 ▶ 肩部、背部、手臂

主要肌肉 ▶ 三角肌、斜方肌、肱三头肌

02 肩部和手臂发力，双手上拉弹力带至肘关节完全伸展。回到起始姿势，重复规定次数。

要点

在运动过程中，保持核心收紧，背部挺直，身体稳定。

4.1 ▶ 上肢力量练习

弹力带-坐姿-推举-双臂

01

坐在训练椅上,将弹力带中段固定在臀部下方,双手分别握住弹力带两端。双臂屈曲,双手约与肩关节同高,保持弹力带有一定的张力。

02

肩部前侧和上臂后侧发力,双臂向上推举,至肘关节完全伸展。动作过程中掌心保持向前。回到起始姿势,重复规定次数。

器材 ▶ 弹力带、训练椅

主要部位 ▶ 手臂、肩部、背部、核心

主要肌肉 ▶ 肱三头肌、三角肌前束和中束、斜方肌、核心肌群

要点

双手向上推举时,不要耸肩。

45

4.1 ▶ 上肢力量练习

俯卧-I字

01 俯卧于瑜伽垫上，双臂伸直过头顶，贴近耳侧，双手握拳，拳心相对，拇指朝上伸直，整个身体成I字。

02 双侧肩胛骨向下、向内收紧，双臂离地，保持该姿势3~5秒。回到起始姿势，重复规定次数。

器材 ▶ 瑜伽垫

主要部位 ▶ 肩部、背部

主要肌肉 ▶ 肩部肌群、背伸肌

要点

在运动过程中，保持核心收紧，拇指朝上，肩胛骨收紧后抬起手臂。

4.1 上肢力量练习

俯卧-Y字

01 俯卧于瑜伽垫上，双臂伸直过头顶，与躯干成Y字。双手握拳，拳心相对，拇指朝上伸直。

02 双侧肩胛骨向下、向内收紧，双臂离地，保持该姿势3~5秒。回到起始姿势，重复规定次数。

器材 ▶ 瑜伽垫

主要部位 ▶ 肩部、背部

主要肌肉 ▶ 肩部肌群、背伸肌

要点

在运动过程中，保持核心收紧，拇指朝上，肩胛骨收紧后抬起手臂。

4.1 上肢力量练习

俯卧-T字

01 俯卧于瑜伽垫上，双臂向身体两侧伸直，与躯干成T字，双手握拳，拇指朝上伸直。

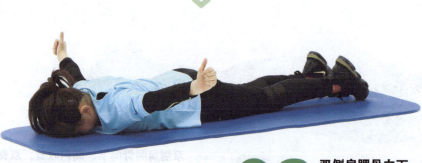

02 双侧肩胛骨向下、向内收紧，双臂离地，保持该姿势3~5秒。回到起始姿势，重复规定次数。

器材 ▶ 瑜伽垫

主要部位 ▶ 肩部、背部

主要肌肉 ▶ 肩部肌群、背伸肌

要点

在运动过程中，保持核心收紧，拇指朝上，肩胛骨收紧后抬起手臂。

4.1 ▶ 上肢力量练习

俯卧－W字

01

俯卧于瑜伽垫上，双臂屈肘，与躯干成W字，双手握拳，拳心相对，拇指朝上伸直。

要点

在运动过程中，保持核心收紧，拇指朝上，肩胛骨收紧后抬起手臂。

02

双侧肩胛骨向下、向内收紧，双臂离地，保持该姿势3~5秒。回到起始姿势，重复规定次数。

器材 ▶ 瑜伽垫

主要部位 ▶ 肩部、背部

主要肌肉 ▶ 肩部肌群、背伸肌

4.1 上肢力量练习

瑞士球-俯卧-L字

01 俯卧于瑞士球上，身体挺直，腹部支撑于瑞士球上，双脚支撑于地面上，双臂伸直，自然下垂，双手握拳触地。

要点

在运动过程中，保持核心收紧，背部挺直，身体稳定，不要耸肩。

器材	瑞士球
主要部位	肩部
主要肌肉	肩部肌群

02 身体挺直，后背收紧，肩关节外展90度，肘关节屈曲90度，接着前臂外旋90度，与躯干在同一平面。回到起始姿势，重复规定次数。

4.1 ▶ 上肢力量练习

哑铃-站姿-俯身后拉-双臂

01

双脚开立,屈髋屈膝,向前俯身。双手各握一只哑铃,双臂伸直,让哑铃垂于肩关节下方,掌心相对。

02

上背部发力,同时屈曲肘关节,将哑铃向上拉至身体两侧。回到起始姿势,重复规定次数。

器材 ▶ 哑铃

主要部位 ▶ 背部、手臂

主要肌肉 ▶ 斜方肌、背阔肌、肱二头肌

要点

在运动过程中,保持核心收紧,背部挺直,身体稳定。向上拉哑铃时,双肘不要向外打开。

4.1 ▶ 上肢力量练习

壶铃－分腿姿－后拉－单臂

01

双脚前后分开，向前俯身。前侧腿的同侧肘屈曲，对侧手握壶铃，手臂自然下垂。

02

持壶铃侧肩胛骨收紧，手肘屈曲，上拉壶铃至髋部高度，对侧臂自然下垂。回到起始姿势，重复规定次数。换对侧重复。

要点

在运动过程中，保持核心收紧，背部挺直，身体稳定。向上拉壶铃时，手肘不要向外打开。

 器材　壶铃

主要部位　手臂、背部、核心

主要肌肉　肱二头肌、斜方肌、背阔肌、核心肌群

哑铃-侧卧-屈臂外旋

01 侧卧于瑜伽垫上，下侧手臂屈曲置于头部下方，上侧手肘屈曲，手于腹部前持一个哑铃，双腿并拢伸直。

要点

上侧前臂始终垂直于躯干，以上臂为轴进行旋转。

02 核心收紧，旋转上侧手臂，上举哑铃至前臂垂直于地面。回到起始姿势，重复规定次数。换对侧重复。

器材 哑铃、瑜伽垫

主要部位 肩部

主要肌肉 三角肌、肩袖肌群

4.1 ▶ 上肢力量练习

弹力带-站姿-高拉-双臂

01

双脚分开，与肩同宽。将弹力带中段固定在脚下，双手分别握住弹力带两端，双臂自然下垂，保持弹力带有一定的张力。

02

双臂屈肘并上拉弹力带，直至上臂和前臂与地面平行。动作过程中保持躯干及下肢稳定。回到起始姿势，重复规定次数。

器材 ▶ 弹力带

主要部位 ▶ 背部、肩部

主要肌肉 ▶ 斜方肌、肩部肌群

要点

高拉过程中避免耸肩。

4.1 ▶ 上肢力量练习

弹力带-站姿-斜下拉-双臂

01 双脚分开，与肩同宽，双膝微屈，将弹力带中段置于身体正前的斜上方，双手分别握住弹力带两端，双臂伸直且平行，掌心相对，保持弹力带有一定的张力。

02 躯干挺直，肩胛骨收紧，双臂平行斜下拉至胸前。回到起始姿势，重复规定次数。

器材 ▶ 弹力带

主要部位 ▶ 手臂、肩部、背部

主要肌肉 ▶ 肱二头肌、三角肌后束、斜方肌、背阔肌、菱形肌

要点

双臂向斜下方拉时，双肘不要向外打开。

4.1 上肢力量练习

弹力带-站姿-水平外旋-单臂

01

将弹力带中段固定在身体正前方，一侧手握住弹力带两端，该侧手臂水平向上抬起至上臂与肩关节成一条直线，肘关节尽量屈曲90度，保持弹力带有一定的张力。

02

握弹力带侧上臂及肘关节位置保持固定，肩部后侧发力，前臂向上方转动。回到起始姿势，重复规定次数。换对侧重复。

器材 ▶ 弹力带

主要部位 ▶ 肩部

主要肌肉 ▶ 肩部肌群

要点

外旋时，以上臂为轴，只有肩关节活动，腕关节不要屈曲。

4.1　上肢力量练习

弹力带-坐姿-直腿后拉划船

01 双腿并拢坐在瑜伽垫上，脚尖朝上，上身挺直。将弹力带中段固定在脚下，双手分别握住弹力带两端并自然置于身体两侧，保持弹力带有一定的张力。

器材 → 弹力带、瑜伽垫

主要部位 → 手臂、肩部、背部、核心

主要肌肉 → 肱二头肌、肩部肌群、斜方肌、菱形肌、核心肌群

要点
双臂向后拉时，双肘不要向外打开。

02 躯干及腿部保持稳定，肩胛骨收紧，双臂紧贴身体并向后拉弹力带。回到起始姿势，重复规定次数。

4.1 ▶ 上肢力量练习

弹力带－坐姿－挺身

01

坐在椅子上，双脚分开。将弹力带中段固定在臀部下方，双手分别握住弹力带两端。双臂屈肘，双手于颈后十指交叉，弓背，让弹力带绕过前臂并保持一定的张力。

要点

在运动过程中，保持核心收紧，手臂姿势不变。

02

下肢保持稳定，后背发力，躯干挺直，同时上抬双肘与头部。回到起始姿势，重复规定次数。

器材 ▶ 弹力带、椅子

主要部位 ▶ 背部

主要肌肉 ▶ 竖脊肌

4.1 上肢力量练习

俯卧撑

01 双手手掌和双脚脚尖支撑于瑜伽垫上，双臂伸直，双手间距略比肩宽，双腿并拢，保持身体成一条直线。

02 保持腹部收紧，屈肘，使身体下落至上臂与地面接近平行，然后推起身体。回到起始姿势，重复规定次数。

器材 ▸ 瑜伽垫

主要部位 ▸ 手臂、胸部、肩部、核心

主要肌肉 ▸ 肱三头肌、胸大肌、三角肌前束、核心肌群

要点

在运动过程中，身体从头到脚始终成一条直线。

4.1 上肢力量练习

跪姿-俯卧撑

01 双手手掌和双膝支撑于瑜伽垫上，双臂伸直，双手间距略比肩宽，双膝并拢，双脚悬空，保持身体从头到膝盖在一条直线上。

要点

在运动过程中，头部、躯干和大腿始终在一条直线上。

02 保持腹部收紧，屈肘，使身体下落至胸部几乎碰到地面，上臂与躯干约成45度角，然后推起身体。回到起始姿势，重复规定次数。

器材 瑜伽垫

主要部位 手臂、胸部、核心

主要肌肉 肱三头肌、胸大肌、三角肌前束、核心肌群

哑铃－俯卧撑

01 俯撑于瑜伽垫上，双手各握一只哑铃，放于肩部下方，手臂伸直，双脚脚尖撑地，身体成一条直线。

02 屈臂，降低身体，直至胸部几乎碰到瑜伽垫，然后推起身体。回到起始姿势，重复规定次数。

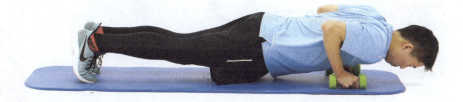

▶ **器材** ▶ 哑铃、瑜伽垫

▶ **主要部位** ▶ 胸部、核心、手臂

▶ **主要肌肉** ▶ 胸大肌、核心肌群、肱三头肌

要点

在运动过程中，身体从头到脚始终成一条直线。

4.2 核心力量练习

壶铃－胯下8字环绕

01

半蹲，双脚分开，大于肩宽。在一侧脚前方的地面上放置一个壶铃，向前俯身至手臂伸直时手刚好可以握住壶铃把手。

要点

在运动过程中，身体保持稳定，不要随着壶铃运动而摇摆。

02

一侧手握壶铃向对侧腿后方移动，在双腿之间将壶铃从一侧手递至另一侧手。

| 器材 | 壶铃 |

主要部位 核心、臀部、手臂

主要肌肉 核心肌群、臀部肌群、股四头肌、前臂肌群

03

另一侧手接握壶铃后，先移至同侧腿前方，再向对侧腿后方移动，在双腿之间将壶铃递至对侧手。按上述步骤，让壶铃围绕双腿进行8字环绕。重复规定次数。

4.2 核心力量练习

跪姿-俯身支撑

身体成双膝跪地姿势，双手位于肩部正下方，双臂伸直，支撑于瑜伽垫上，但注意肘关节不要锁死。屈髋屈膝，大腿垂直于地面，双脚分开，脚尖勾起触地。保持该姿势一定的时间。

器材 瑜伽垫

主要部位 核心

主要肌肉 核心肌群

要点
全程保持核心收紧，背部挺直，身体稳定。

4.2 ▶ 核心力量练习

俯卧-双手-双膝-平板支撑

双手手掌和双膝支撑于瑜伽垫上，双手位于肩部的正下方，双臂伸直，但注意肘关节不要锁死。双腿分开，双脚悬空，同时保持躯干挺直，腹部和臀部收紧，身体从头部到双膝成一条直线。保持该姿势一定的时间。

器材 ▶ 瑜伽垫

主要部位 ▶ 核心、手臂

主要肌肉 ▶ 核心肌群、上肢肌群

要点

全程保持躯干和大腿在一条直线上。

4.2 ▶ 核心力量练习

平板支撑－举手击掌

01 两位练习者面对面成平板支撑姿势，身体挺直，双脚打开，与肩同宽，双手置于肩部正下方。

02 两位练习者保持身体稳定且挺直，腹部收紧，伸出同一侧手臂击掌，然后换另一侧重复。重复规定次数。

器材 ▶ 无

主要部位 ▶ 核心、手臂

主要肌肉 ▶ 核心肌群、上肢肌群

要点

在运动过程中，核心收紧，背部挺直，身体稳定且从头到脚始终成一条直线。

4.2 核心力量练习

跪姿抬腿

01 双膝跪于瑜伽垫上，躯干挺直，双手置于肩部正下方，双腿分开，双膝置于髋部正下方。

器材	瑜伽垫
主要部位	核心、臀部、大腿
主要肌肉	核心肌群、臀大肌、股四头肌

02

躯干保持挺直，一侧腿向后伸直至与躯干在同一平面。回到起始姿势，换另一侧腿重复。重复规定次数。

要点

在运动过程中，核心收紧，背部挺直，身体稳定，骨盆不要向一侧倾斜。

4.2 核心力量练习

跪姿－对侧－抬腿伸臂

01 双膝跪于瑜伽垫上，躯干挺直，双手置于肩部正下方，双膝置于髋部正下方。

要点

在运动过程中，核心收紧，背部挺直，身体稳定，骨盆不要向一侧倾斜。

02 躯干保持挺直，一侧腿向后伸直，同时对侧手臂向前伸直。

03 回到起始姿势，换另一侧腿重复。重复规定次数。

器材 瑜伽垫

主要部位 核心、臀部、腿部、肩部

主要肌肉 核心肌群、臀大肌、股四头肌、肩部肌群

4.2 核心力量练习

跪撑－肘膝触碰

01

双膝跪于瑜伽垫上，双臂伸直，双手位于肩部正下方，双膝位于髋部正下方。

02

保持躯干挺直，抬一侧手臂沿耳朵向前伸直，同时抬对侧腿向后伸直。

要点

在运动过程中，保持身体稳定，骨盆不要向一侧倾斜。一侧手臂和对侧腿伸展时，手臂、躯干和腿尽量在一条直线上。

03

保持支撑侧肩部和腿的稳定，非支撑侧屈肘屈膝，让肘部碰触到膝盖。回到起始姿势，重复规定次数。换对侧重复。

 器材　　瑜伽垫

主要部位　　核心、大腿、臀部、肩部

主要肌肉　　核心肌群、股四头肌、臀大肌、肩部肌群

俯卧－双腿抬起

01 俯卧于瑜伽垫上，躯干和大腿紧贴瑜伽垫，双臂屈曲收于身体两侧。双腿伸直并拢，双脚脚尖接触瑜伽垫。

02 保持上半身不动，臀部发力，抬起双腿。回到起始姿势，重复规定次数。

器材	瑜伽垫
主要部位	核心、臀部
主要肌肉	竖脊肌、臀大肌

要点

在运动过程中，核心收紧，大腿尽量向上抬。

4.2 ▶ 核心力量练习

俯卧-双腿开合

01 俯卧于瑜伽垫上，躯干和大腿紧贴瑜伽垫，双臂屈曲收于身体两侧。双腿伸直，脚尖接触瑜伽垫。

02 保持上半身不动，臀部发力，双腿抬起并向外侧伸展。

➡ **器材**　瑜伽垫

➡ **主要部位**　核心、臀部

➡ **主要肌肉**　竖脊肌、腰方肌、臀大肌

03 双腿内收。双腿交替外展、内收至规定次数。

要点

在运动过程中，核心收紧，大腿尽量向上抬。

4.2 ▶ 核心力量练习

俯卧-超人式

01 俯卧于瑜伽垫上，躯干和大腿紧贴瑜伽垫，双臂沿耳朵向前伸直贴地。双腿伸直，双脚脚尖接触瑜伽垫。

02 将胸部抬离垫面，同时将双臂和双腿抬起。注意保持双臂和双腿伸直。回到起始姿势，重复规定次数。

➡ 器材　瑜伽垫

➡ 主要部位　核心、臀部、背部、肩部

➡ 主要肌肉　竖脊肌、臀大肌、斜方肌、菱形肌、肩部肌群

要点

双臂和双腿抬起时，分别向前和向后伸展。回到起始姿势时，双臂和双腿有控制地放下。

4.2 ► 核心力量练习

卷腹

01 仰卧于瑜伽垫上，双腿屈曲，双脚脚掌撑地。双臂自然放于身体两侧。

02 利用腹部的力量拉起躯干至上背部与地面成45度角，下背部紧贴瑜伽垫。回到起始姿势，重复规定次数。

器材 ► 瑜伽垫

主要部位 ► 核心

主要肌肉 ► 腹直肌

要点

在运动过程中，核心收紧，下背部始终贴垫。

4.2 ▶ 核心力量练习

哑铃-卷腹

01 仰卧于瑜伽垫上，双腿屈曲，双脚脚跟撑地。双手于胸前握住一只哑铃，双肘屈曲。

器材 ▶ **哑铃、瑜伽垫**

主要部位 ▶ **核心**

主要肌肉 ▶ **腹直肌**

要点

在运动过程中，核心收紧，下背部始终贴垫。

02 利用腹部的力量拉起躯干至上背部与地面成45度角，下背部紧贴瑜伽垫。回到起始姿势，重复规定次数。

4.2 核心力量练习

屈髋-卷腹

01 仰卧于瑜伽垫上，双臂上举至头部两侧，双腿并拢，直腿屈髋90度，双腿垂直于地面。

02 核心收紧，发力卷腹，抬起躯干，双臂伸直，双手触碰双脚脚尖。回到起始姿势，重复规定次数。

器材 ▶ 瑜伽垫

主要部位 ▶ 髋部、核心

主要肌肉 ▶ 髋屈肌、核心肌群

要点

在运动过程中，核心收紧，身体保持稳定。

4.2 ▶ 核心力量练习

药球－举腿－举球碰脚尖

01

仰卧于瑜伽垫上，双腿伸直。手持药球于胸前，双肘屈曲。

要点

在运动过程中，核心收紧，身体保持稳定。

02

抬起双腿至与地面接近垂直，利用腹部的力量拉起上背部，同时双臂向上推举，让药球接近或触碰脚尖。保持腿部抬高，重复规定次数。

器材 ▶ 药球、瑜伽垫

主要部位 ▶ 核心

主要肌肉 ▶ 腹直肌

4.2 ▶ 核心力量练习

仰卧－双肘碰膝

01 仰卧于瑜伽垫上，整个躯干紧贴瑜伽垫，双手交叉枕于头下。双脚平放于瑜伽垫上，双腿屈膝约90度。

器材 ➤	瑜伽垫
主要部位 ➤	核心
主要肌肉 ➤	腹直肌、腹横肌

要点

起身时，核心收紧，避免肩颈部发力。

02 上半身抬起至离开瑜伽垫，双肘碰触双膝。回到起始姿势，重复规定次数。

4.2 ▶ 核心力量练习

药球-仰卧起坐-球在胸前

01 仰卧于瑜伽垫上，双腿屈曲，双脚脚跟撑于瑜伽垫上。双手持药球于胸前，双肘屈曲。

器材 ➡ 药球、瑜伽垫

主要部位 ➡ **核心**

主要肌肉 ➡ **腹直肌**

02 利用腹部的力量拉起躯干至双臂触碰大腿。回到起始姿势，重复规定次数。

要点

起身时，核心收紧，避免肩颈部发力。

4.2 核心力量练习

药球-仰卧起坐-球在头顶

01 仰卧于瑜伽垫上，双膝屈曲，双脚撑地。双手持球，双臂伸直将药球置于头顶正上方。

02

利用腹部的力量拉起躯干至与地面垂直，同时保持手臂姿势不变。回到起始姿势，重复规定次数。

要点

起身时，核心收紧，避免肩颈部发力。

器材 ▶ 药球、瑜伽垫

主要部位 ▶ 核心

主要肌肉 ▶ 腹直肌

4.2 核心力量练习

药球-仰卧起坐上举-直腿

01

仰卧于瑜伽垫上，双腿伸直。手持药球于胸前，双肘屈曲。

器材 ➤ 药球、瑜伽垫

主要部位 ➤ 核心、肩部

主要肌肉 ➤ 核心肌群、肩部肌群

02

利用腹部的力量拉起躯干，同时向上推举药球至头顶正上方，双臂伸直。回到起始姿势，重复规定次数。

要点

起身时，核心收紧，避免肩颈部发力。上举药球时，不要耸肩。

4.2 核心力量练习

仰卧－反向屈髋

01 仰卧于瑜伽垫上，双腿伸直并拢，双脚抬离地面，双臂伸直平放于身体两侧。

02 屈髋屈膝，抬起双腿至大腿与地面垂直，小腿与地面平行。回到起始姿势，重复规定次数。

器材 ▶ 瑜伽垫

主要部位 ▶ 核心、髋部

主要肌肉 ▶ 腹直肌、髋屈肌

要点

在运动过程中，核心收紧，背部始终贴垫。

4.2 核心力量练习

仰卧－直腿上抬

01 仰卧于瑜伽垫上，双腿伸直并拢，脚尖勾起，双臂自然平放于身体两侧。

02 屈髋，双腿保持伸直并抬离地面至与地面垂直。回到起始姿势，完成规定次数。

器材 ▶ 瑜伽垫

主要部位 ▶ 核心、髋部

主要肌肉 ▶ 腹直肌、髋屈肌

要点

在运动过程中，核心收紧，背部始终贴垫。

4.2 核心力量练习

仰卧-三方向抗阻直膝抬腿

01 搭档站在练习者头部前方。练习者仰卧于瑜伽垫上，双腿伸直并拢，双臂伸过头顶，双手抓住搭档的脚踝。

02 练习者双腿保持伸直并向上抬起至搭档触碰其脚踝，然后搭档向前下方推练习者的双腿，使其双腿有控制地回落至接近地面。

03 练习者双腿保持伸直并向上抬起至搭档触碰其脚踝，然后搭档分别向左前下方、右前下方推练习者的双腿，使其双腿有控制地回落至接近地面且向一侧转体。重复规定次数。

器材 瑜伽垫

主要部位 核心

主要肌肉 腹直肌、腹横肌、腹内斜肌、腹外斜肌

要点

在运动过程中，核心收紧，背部挺直。

4.2 核心力量练习

仰卧-对侧肘碰膝

01 仰卧于瑜伽垫上，整个躯干紧贴瑜伽垫，双手交叉枕于头下。一侧腿屈膝约90度，脚平放在瑜伽垫上，对侧腿屈膝，脚搭在支撑腿的膝盖上。

要点

起身时，核心收紧，避免肩颈部发力，身体保持稳定。

02 上半身抬起至离开垫面，同时向非支撑腿侧旋转至支撑腿侧手肘碰触到非支撑腿的膝盖。回到起始姿势，重复规定次数。换对侧重复。

器材 ▶ 瑜伽垫

主要部位 ▶ 核心

主要肌肉 ▶ 腹直肌、腹横肌、腹内斜肌、腹外斜肌

4.2 核心力量练习

哑铃–俯撑旋转

01 俯撑于瑜伽垫上，双手各握一只哑铃，撑于肩部正下方，双臂伸直，双脚脚尖撑地，身体成一条直线。

器材 ➤ 哑铃、瑜伽垫

主要部位 ➤ 核心

主要肌肉 ➤ 腹内斜肌、腹外斜肌、腹横肌

要点

在运动过程中，保持身体从头到脚在一条直线上。

02 躯干向一侧旋转，同侧手臂上抬至与对侧手臂成一条直线。回到起始姿势，重复规定次数。换对侧重复。

4.2 ▶ 核心力量练习

哑铃 – 站姿 – 躯干侧屈

01 双脚分开，与肩同宽。双手各握一只哑铃，双臂自然垂于身体两侧，掌心相对。

要点

在运动过程中，骨盆尽量保持在中立位。

02 下肢保持不动，腹部发力，躯干向一侧侧屈，让该侧哑铃向同侧的膝关节靠近。

03 回到起始姿势，换对侧重复。重复规定次数。

器材 哑铃

主要部位 核心

主要肌肉 腹内、外斜肌

4.2 ▶ 核心力量练习

药球-站姿-展臂绕肩

01 双脚分开，略大于肩宽，双膝微屈。双手持药球于身前，双臂伸直。

02 双臂按顺时针方向或逆时针方向于身前画圈，直至回到起始姿势，全程保持手臂伸直。重复规定次数。

▶ **器材**　　药球

▶ **主要部位**　　核心、肩部

▶ **主要肌肉**　　核心肌群、肩部肌群

要点

在运动过程中，保持核心收紧，背部挺直，身体稳定。

4.2 ▶ 核心力量练习

药球－坐姿－躯干旋转

01

坐在瑜伽垫上，双腿屈曲，双脚脚跟
撑于瑜伽垫上，双手持药球于胸前，
双臂伸直，背部挺直。

02

腹部发力，躯干向一侧旋
转90度，接着转向对侧。

要点

在运动过程中，
保持核心收紧，
背部挺直，身体
稳定。

03

回到起始姿势，将药球举至头顶。回
到起始姿势，重复规定次数。

➡ 器材　　药球、瑜伽垫

➡ 主要部位　　核心

➡ 主要肌肉　　腹内斜肌、腹外斜肌、
腹直肌

4.2 核心力量练习

弹力带-坐姿-躯干旋转

01 坐在椅子上，双脚分开，与肩同宽。将弹力带中段固定在臀部下方，弹力带在身前交叉，双手分别握住弹力带两端。双臂紧贴身体两侧并屈肘，双手置于颈部两侧，让弹力带绕过上臂并保持一定的张力。

要点

在运动过程中，保持核心收紧，背部挺直，身体稳定。

02 双臂及下肢保持稳定，躯干向一侧旋转。回到起始姿势，换对侧重复。重复规定次数。

器材 弹力带、椅子

主要部位 核心

主要肌肉 核心肌群

4.2 核心力量练习

弹力带-站姿-旋转上提-双臂

01 双脚分开，将弹力带一端固定在身体一侧的低处，双手握住弹力带另一端。躯干转向弹力带固定点，双臂伸直，保持弹力带有一定的张力。

02 躯干向远离弹力带固定点的方向旋转，同时双臂沿斜线向上提弹力带。回到起始姿势，重复规定次数。换对侧重复。

器材 ▶ 弹力带

主要部位 ▶ 核心

主要肌肉 ▶ 核心肌群

要点

在运动过程中，核心收紧，双臂始终伸直。

4.3 下肢力量练习

深蹲

01 双脚分开，与肩同宽，挺胸直背，腹部收紧，双手自然垂于身体两侧。

器材　无

主要部位　大腿、臀部

主要肌肉　股四头肌、腘绳肌、臀大肌

02 屈髋屈膝，下蹲，同时双臂前平举。伸髋伸膝，回到起始姿势。重复规定次数。

要点

下蹲时，背部挺直，膝盖与脚尖方向一致。

4.3　下肢力量练习

深蹲–相扑式

01 双脚分开，大于肩宽。双脚向外打开约45度，双臂自然垂于身体前侧。

02 屈髋屈膝，下蹲，双臂保持伸直下垂。伸髋伸膝，回到起始姿势。重复规定次数。

▶ **器材**　无

▶ **主要部位**　臀部、大腿

▶ **主要肌肉**　臀大肌、股四头肌、耻骨肌、长收肌、大收肌

要点

下蹲时，背部挺直，膝盖与脚尖方向一致。

4.3 下肢力量练习

双人深蹲

01 两位练习者面对面站立，双脚分开，与肩同宽，双手分别握住同伴的双手，双臂伸直。

器材 ➤ 无

主要部位 ➤ 臀部、大腿

主要肌肉 ➤ 臀大肌、股四头肌、腘绳肌

02

两人同时屈髋屈膝，下蹲。伸髋伸膝，回到起始姿势。重复规定次数。

要点

两人同时下蹲和站起。下蹲时，背部挺直，膝盖与脚尖方向一致。

4.3 下肢力量练习

哑铃－深蹲

01 双脚分开，略比肩宽。双手各握一只哑铃，双臂自然垂于身体两侧，掌心相对。

02

屈髋屈膝，下蹲。伸髋伸膝，回到起始姿势。重复规定次数。

器材　哑铃

主要部位　臀部、大腿

主要肌肉　臀大肌、股四头肌、腘绳肌

要点

下蹲时，背部挺直，膝盖与脚尖方向一致。

4.3 ▶ 下肢力量练习

哑铃–椅式深蹲

01 双脚分开，略比肩宽，双手各握一只哑铃，双臂自然垂于身体两侧，掌心相对。训练椅放置在身后距离适当的位置。

02 屈髋屈膝，下蹲待臀部触碰到训练椅后，伸髋伸膝，回到起始姿势。重复规定次数。

器材 ▶ 哑铃、训练椅

主要部位 ▶ 臀部、大腿

主要肌肉 ▶ 臀大肌、股四头肌、腘绳肌

要点

下蹲时，背部挺直，膝盖与脚尖方向一致。

4.3 下肢力量练习

哑铃-肩上深蹲

01 双脚分开，大于肩宽。双手各握一只哑铃，屈曲肘关节，将哑铃举于肩部上方。

02 屈髋屈膝，下蹲。伸髋伸膝，回到起始姿势。重复规定次数。

器材 哑铃

主要部位 臀部、大腿

主要肌肉 臀大肌、股四头肌、腘绳肌

要点

下蹲时，背部挺直，膝盖与脚尖方向一致。

4.3 下肢力量练习

哑铃－相扑深蹲

01 双脚分开，大于肩宽。双手握一只哑铃，双臂垂于身体前侧。

02 屈髋屈膝，下蹲。伸髋伸膝，回到起始姿势。重复规定次数。

器材 哑铃

主要部位 臀部、大腿

主要肌肉 臀大肌、股四头肌、耻骨肌、大收肌、长收肌

要点

下蹲时，背部挺直，膝盖与脚尖方向一致。

4.3 ▶ 下肢力量练习

壶铃－深蹲

01 双脚分开，大于肩宽。双手握一只壶铃于胸前，铃底朝上。

02

屈髋屈膝，下蹲，手臂姿势保持不变。伸髋伸膝，回到起始姿势。重复规定次数。

器材 ▶ 壶铃

主要部位 ▶ 臀部、大腿

主要肌肉 ▶ 臀大肌、股四头肌、腘绳肌

要点

下蹲时，背部挺直，膝盖与脚尖方向一致。

4.3 下肢力量练习

壶铃-架式深蹲-单臂

01 双脚分开，大于肩宽。一侧手握壶铃，同侧肘屈曲，将壶铃置于上臂前方，形成架式支撑姿势。对侧手臂侧平举。

02 屈髋屈膝，下蹲，手臂姿势保持不变。伸髋伸膝，回到起始姿势。重复规定次数。换对侧重复。

器材 ➤ 壶铃

主要部位 ➤ 大腿、臀部、小腿、手臂

主要肌肉 ➤ 股四头肌、臀大肌、腘绳肌、腓肠肌、比目鱼肌、前臂肌群

要点

下蹲时，背部挺直，膝盖与脚尖方向一致。

4.3 ▶ 下肢力量练习

壶铃-相扑深蹲

01

双脚分开，大于肩宽。双手握壶铃
于体前，双臂伸直。

02

屈髋屈膝，下蹲，手臂姿势
保持不变。伸髋伸膝，回到
起始姿势。重复规定次数。

器材 ▶ 壶铃

主要部位 ▶ 腿部、臀部

主要肌肉 ▶ 比目鱼肌、股四头肌、腘
绳肌、臀大肌、内收肌

要点

下蹲时，背部挺直，膝盖与脚
尖方向一致。

4.3 ▶ 下肢力量练习

药球－深蹲－直臂

01 双脚分开，与肩同宽。双手持药球，双臂前平举。

02

屈髋屈膝，下蹲。伸髋伸膝，回到起始姿势。重复规定次数。

器材 ▶ 药球

主要部位 ▶ 臀部、大腿

主要肌肉 ▶ 臀大肌、股四头肌、腘绳肌

要点

下蹲时，背部挺直，膝盖与脚尖方向一致，上臂保持前平举。

4.3 下肢力量练习

药球－深蹲－屈臂

01 双脚分开，与肩同宽。双手持药球于胸前，双肘屈曲。

02 屈髋屈膝，下蹲，手臂姿势不变。伸髋伸膝，回到起始姿势。重复规定次数。

器材 药球

主要部位 臀部、大腿

主要肌肉 臀大肌、股四头肌、腘绳肌

要点
下蹲时，背部挺直，膝盖与脚尖方向一致。

4.3 下肢力量练习

药球-椅式深蹲

01 双脚分开，与肩同宽。手持药球于胸前，双肘屈曲。椅子置于身体正后方。

要点

下蹲时，背部挺直，膝盖与脚尖方向一致。下蹲至臀部触碰椅子即可，臀部不要坐实在椅子上。

02 屈髋屈膝，下蹲至臀部刚刚触及椅子，保持手臂姿势不变。伸髋伸膝，回到起始姿势。重复规定次数。

器材　药球、椅子

主要部位　臀部、大腿

主要肌肉　臀大肌、股四头肌、腘绳肌

4.3 下肢力量练习

抱球蹲起

01 双脚分开，略比肩宽，双手持药球于髋部前方。

02 双臂上举过头顶至与地面垂直。

要点

下蹲时，背部挺直，膝盖与脚尖方向一致。蹲起和上举药球的动作同时进行。

03 屈髋屈膝，下蹲，同时双臂下移至向下伸直。伸髋伸膝，双臂上移，回到步骤02中的姿势，重复规定次数。

器材 药球

主要部位 臀部、大腿、肩部

主要肌肉 臀大肌、股四头肌、腘绳肌、三角肌前束

4.3 下肢力量练习

弹力带-深蹲

01 双脚分开，与肩同宽。将弹力带中段固定在脚下，双手分别握住弹力带两端。双臂屈肘上抬且向身体两侧打开，保持弹力带有一定的张力。

02 屈髋屈膝，下蹲，双臂姿势保持不变。伸髋伸膝，回到起始姿势。重复规定次数。

器材	弹力带
主要部位	大腿、臀部
主要肌肉	股四头肌、腘绳肌、臀大肌

要点

下蹲时，背部挺直，膝盖与脚尖方向一致。

4.3 ▶ **下肢力量练习**

分腿蹲－原地

01 双脚前后分开，双手叉腰。

器材 ▶ 无

主要部位 ▶ 臀部、大腿、小腿

主要肌肉 ▶ 臀大肌、股四头肌、腘绳肌、腓肠肌、比目鱼肌

02 双腿屈膝至前侧腿的大腿与地面平行，后侧腿的膝盖几乎触地。后侧腿蹬地发力，回到起始姿势，重复规定次数。换对侧重复。

要点

下蹲时，上半身直立，前侧膝盖与脚尖方向一致，后侧膝盖接近地面。

4.3 下肢力量练习

分腿蹲-纵向

01 双脚分开，小于肩宽，双手叉腰。

器材 ▶ 无

主要部位 ▶ 臀部、大腿、小腿

主要肌肉 ▶ 臀大肌、股四头肌、腘绳肌、腓肠肌、比目鱼肌

02 一只脚向前迈步的同时双腿屈膝，前侧腿的大腿与地面平行，后侧腿的膝盖几乎触地。

03 迈步脚发力收回，回到起始姿势，换对侧重复。完成规定次数。

要点

下蹲时，上半身直立，前侧膝盖与脚尖方向一致，后侧膝盖接近地面。

4.3　下肢力量练习

弓步-纵向

01 双腿分开，小于肩宽，双手叉腰。

 器材　无

主要部位　臀部、大腿、小腿

主要肌肉　臀大肌、股四头肌、腘绳肌、腓肠肌、比目鱼肌

02 一只脚向前迈步的同时前侧腿屈髋屈膝，至大腿与地面平行，后侧腿蹬地伸直。

03 迈步脚发力收回，回到起始姿势，换对侧重复。完成规定次数。

要点

下蹲时，上半身直立，前侧膝盖与脚尖方向一致，后侧腿尽量伸直。

4.3 ▶ 下肢力量练习

哑铃－侧弓步

01 双脚分开，与髋同宽。双手各握一只哑铃，双臂自然垂于身体前侧，掌心相对。

要点

下蹲时，背部挺直，屈曲腿的膝盖与脚尖方向一致。

02 一侧腿向侧方迈步，屈髋屈膝，下蹲，另一侧腿伸直。

03 迈步脚发力收回，回到起始姿势，换对侧重复。重复规定次数。

器材 哑铃

主要部位 臀部、大腿、小腿

主要肌肉 臀大肌、股四头肌、腘绳肌、耻骨肌、大收肌、长收肌、腓肠肌、比目鱼肌

4.3 下肢力量练习

弹力带 - 双臂弯举 - 分腿蹲

01 双脚前后分开。将弹力带中段固定在前侧脚脚下，双手分别握住弹力带两端。双臂屈肘，掌心相对，保持弹力带有一定的张力。

02 身体下蹲至前腿大腿与地面接近平行，后侧膝盖接近或触碰地面。回到起始姿势，重复规定次数。换对侧重复。

器材 ▶ 弹力带

主要部位 ▶ 大腿、臀部

主要肌肉 ▶ 股四头肌、臀大肌、腘绳肌

要点

下蹲时，背部挺直，前侧膝盖与脚尖方向一致，后侧膝盖接近或触碰地面。

4.3 下肢力量练习

哑铃-基本硬拉

01 俯身，屈髋屈膝，下蹲。双手各握一只哑铃，双臂垂于身体前侧，掌心向后，哑铃接近地面。

02 臀部发力，向前挺髋，将哑铃向上拉起，膝关节伸直。回到起始姿势，重复规定次数。

 器材 哑铃

主要部位 臀部、大腿、背部

主要肌肉 臀大肌、腘绳肌、竖脊肌

要点

在运动过程中，背部挺直。下蹲时，膝盖与脚尖方向一致。上拉哑铃时，哑铃贴近身体。

4.3 下肢力量练习

哑铃-直腿硬拉

01 双脚分开，与肩同宽，双手各握一只哑铃，自然垂于身体前侧，掌心向后。膝关节保持伸直，屈髋俯身，至背部与地面接近平行。

02 臀部发力，伸髋站直。回到起始姿势，重复规定次数。

器材　哑铃

主要部位　臀部、大腿、背部

主要肌肉　臀大肌、腘绳肌、竖脊肌

要点

在运动过程中，背部挺直，膝盖不要屈曲。

4.3 下肢力量练习

壶铃-行李箱硬拉-单臂

01 双脚分开，略大于肩宽。双臂自然
垂于体侧，一侧手握壶铃。先屈
髋，然后微屈膝，将壶铃向下放至
同侧膝盖的一侧。

02

起身站立，拉起壶铃。回到
起始姿势，重复规定次数。
换对侧重复。

器材 ▶ 壶铃

主要部位 ▶ 臀部、大腿、核心

主要肌肉 ▶ 臀大肌、腘绳肌、核心肌群

要点

在运动过程中，背部挺直，身
体不要向一侧歪斜。下蹲时，
膝盖与脚尖方向一致。

4.3 ▶ 下肢力量练习

弹力带-站姿-双臂硬拉

01 双脚分开，与肩同宽。将弹力带中段固定在脚下，双手分别握住弹力带两端。向前俯身，双膝微屈，双臂于体前伸直，保持弹力带有一定的张力。

02 伸髋伸膝，起身站立。回到起始姿势，重复规定次数。

器材 ▶ 弹力带

主要部位 ▶ 臀部、大腿、背部

主要肌肉 ▶ 臀大肌、腘绳肌、竖脊肌

要点
在运动过程中，背部挺直。下蹲时，膝盖与脚尖方向一致。

4.3 下肢力量练习

壶铃-双腿臀桥-置于腹部

01 仰卧于瑜伽垫上，双膝屈曲。双手握住壶铃，将其置于腹部上方。

要点

向上顶髋时，臀部夹紧。

02 臀部发力，向上顶髋至躯干和大腿成一条直线。回到起始姿势，重复规定次数。

器材 ➤ 壶铃、瑜伽垫

主要部位 ➤ 臀部、大腿、核心

主要肌肉 ➤ 臀大肌、腘绳肌、核心肌群

4.3 ▶ 下肢力量练习

跪撑-伸髋

01
双膝跪于瑜伽垫上，双臂伸直，双手位于肩部正下方，双膝尽量位于髋部正下方。

器材 ▶	瑜伽垫
主要部位 ▶	臀部、大腿、核心
主要肌肉 ▶	臀大肌、腘绳肌、核心肌群

要点

在运动过程中，核心收紧，背部挺直，身体不向一侧歪斜。

02
躯干挺直，保持身体稳定的同时，向上抬起一侧腿，至大腿约与躯干在一条直线上。

03
回到起始姿势，换对侧腿重复。重复规定次数。

4.3 ▶ 下肢力量练习

跪撑－髋外展

01 双膝跪于瑜伽垫上，双臂伸直，双手位于肩部正下方，双膝尽量位于髋部正下方。

器材 ▶ 瑜伽垫

主要部位 ▶ 臀部、核心

主要肌肉 ▶ 臀大肌、臀中肌、核心肌群

02

躯干挺直，保持身体稳定的同时，一侧腿向外打开。回到起始姿势，重复规定次数。换对侧重复。

要点

在运动过程中，核心收紧，背部挺直，身体不向一侧歪斜。

4.3　下肢力量练习

侧卧－髋外展

01 侧卧于瑜伽垫上，下侧手臂屈曲置于头部下方，上侧手臂屈肘并自然置于体前。下侧腿伸直，脚尖勾起。上侧腿屈髋屈膝，脚搭在下侧腿的膝盖后侧。

02 上侧髋关节向上打开至极限。回到起始姿势，重复规定次数。换对侧重复。

器材 ▶ 瑜伽垫

主要部位 ▶ 臀部

主要肌肉 ▶ 臀中肌、梨状肌

要点

在运动过程中，核心收紧，背部挺直，上半身和下侧腿保持不动。

4.3 下肢力量练习

侧卧－髋内收、外展

01 侧卧于瑜伽垫上，下侧手臂屈曲置于头部下方，上侧手臂屈肘并自然置于体前。下侧腿伸直，脚尖勾起。上侧腿屈膝约90度，与下侧腿分开，脚掌向后。

器材 ➤ 瑜伽垫

主要部位 ➤ 臀部

主要肌肉 ➤ 臀中肌、臀小肌、梨状肌

02

上侧髋关节向内收至极限。

要点

在运动过程中，核心收紧，背部挺直，上半身和下侧腿保持不动。

03 上侧髋关节向上打开至极限。回到起始姿势，重复规定次数，换对侧重复。

4.3 ▶ 下肢力量练习

弹力带－站姿－髋前屈－单腿

01 双脚分开，与肩同宽，双手自然叉腰。将弹力带一端固定在身体正后方与脚踝同高的地方，另一端绑在一侧脚的脚踝处，保持弹力带有一定的张力。

器材 ▶ 弹力带

主要部位 ▶ 髋部、大腿

主要肌肉 ▶ 髂腰肌、股四头肌

要点

在运动过程中，核心收紧，背部挺直，身体保持稳定。

02 绑着弹力带一侧的腿伸直上抬，做屈髋运动。回到起始姿势，重复规定次数。换对侧重复。

4.3 ▶ 下肢力量练习

弹力带-坐姿-髋前屈

01 坐在椅子上，双脚分开，躯干挺直，双手撑于椅子边缘。将弹力带一端固定在椅子上低于脚踝的位置，另一端绑在一侧脚的脚踝处，保持弹力带有一定的张力。

要点

在运动过程中，核心收紧，背部挺直，上半身和未绑弹力带侧腿保持不动。

02 膝关节保持屈曲，绑着弹力带一侧的腿向上抬起，做屈髋运动。回到起始姿势，重复规定次数。换对侧重复。

器材 弹力带、椅子

主要部位 髋部、大腿

主要肌肉 髂腰肌、股四头肌

4.3 ▶ 下肢力量练习

弹力带-仰卧-髋后伸

▶ 器材	弹力带、瑜伽垫
▶ 主要部位	臀部、大腿、核心
▶ 主要肌肉	臀大肌、腘绳肌、核心肌群

01 仰卧于瑜伽垫上，一侧腿伸直上抬至与地面垂直。将弹力带一端固定在头顶上方的高处，另一端绑在上抬腿的脚踝处，保持弹力带有一定的张力。

要点

在运动过程中，核心收紧，背部挺直，上半身和未绑弹力带侧腿保持不动。

02 上抬腿下拉弹力带至腿紧贴瑜伽垫。回到起始姿势，重复规定次数。换对侧重复。

4.3 ▶ 下肢力量练习

弹力带-站姿-髋后伸

01 双脚分开，双手自然置于身体两侧。将弹力带一端固定在身体正前方与脚踝同高的地方，另一端绑在一只脚的脚踝处。微微向前抬起绑着弹力带的脚，保持弹力带有一定的张力。

器材 ▶ 弹力带

主要部位 ▶ 大腿、臀部

主要肌肉 ▶ 腘绳肌、臀大肌

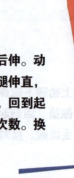

02 绑着弹力带的腿向后伸。动作过程中保持对侧腿伸直，避免躯干随之旋转。回到起始姿势，重复规定次数。换对侧重复。

要点

在运动过程中，核心收紧，背部挺直，身体保持稳定。

4.3 ▶ 下肢力量练习

弹力带-站姿-髋内收

01 双脚分开，与髋同宽，双手自然置于身体两侧。将弹力带一端固定在身体一侧与脚踝同高处，另一端绑在同侧脚的脚踝处，保持弹力带有一定的张力。

02 绑着弹力带一侧腿向另一侧内收。动作过程中保持双腿伸直，避免上身随之旋转。回到起始姿势，重复规定次数。换对侧重复。

➤ 器材　　弹力带

➤ 主要部位　大腿

➤ 主要肌肉　大腿内收肌群

要点

在运动过程中，核心收紧，背部挺直，身体保持稳定。

4.3 ▶ 下肢力量练习

哑铃-俯卧-屈膝

01 俯卧在训练椅上，小腿悬于训练椅外，双脚夹住一只哑铃。双手抱住训练椅的一端并固定。

器材 ▶	哑铃、训练椅
主要部位 ▶	大腿
主要肌肉 ▶	腘绳肌

02

屈膝，使小腿与地面垂直。回到起始姿势，重复规定次数。

要点

在运动过程中，大腿不离开训练椅。

4.3 ▶ 下肢力量练习

弹力带-俯卧-屈膝

器材 ➤ 弹力带、瑜伽垫

主要部位 ➤ 大腿

主要肌肉 ➤ 腘绳肌

01

俯卧于瑜伽垫上，双手自然置于身体两侧。将弹力带中段固定在一侧脚的脚踝处，两端固定在身体正后方与脚踝同高处。

要点

在运动过程中，屈膝侧大腿不离开垫面，对侧腿尽量保持不动。

02

绑着弹力带的一侧屈膝，小腿上抬。回到起始姿势，重复规定次数。换对侧重复。

4.3 ▶ 下肢力量练习

弹力带-俯卧-伸膝

01

俯卧于瑜伽垫上，一侧腿屈膝，小腿上抬，将弹力带中段固定在上抬腿一侧的脚上，双手分别握住弹力带两端，双臂屈肘并将弹力带两端固定于躯干前，保持弹力带有一定的张力。

器材 ▶	弹力带、瑜伽垫
主要部位 ▶	大腿
主要肌肉 ▶	股四头肌

02

绑着弹力带一侧腿的小腿对抗阻力，伸直膝关节。回到起始姿势，重复规定次数。换对侧重复。

要点

在运动过程中，伸膝侧大腿不离开垫面，对侧腿尽量保持不动。

4.3 下肢力量练习

弹力带-侧卧-伸膝

01 侧卧于瑜伽垫上，上侧腿屈膝90度，下侧腿紧贴瑜伽垫。上侧手臂屈肘并自然置于体前，下侧手臂屈肘枕于头下。将弹力带两端固定在身体后方的高处，中段绕过上侧脚的脚踝，保持弹力带有一定的张力。

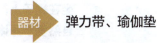

器材	弹力带、瑜伽垫
主要部位	大腿
主要肌肉	股四头肌

02 绑着弹力带一侧腿的小腿向前抗阻伸膝。回到起始姿势，重复规定次数。换对侧重复。

要点

在运动过程中，上半身、伸膝侧大腿和下侧腿尽量保持不动。

4.3 下肢力量练习

弹力带-坐姿-伸膝

01 坐在椅子上，双脚分开，躯干挺直，双臂自然垂于身体两侧。将弹力带一端固定在身后，另一端绑在一侧脚的踝关节处。

要点

在运动过程中，上半身、伸膝侧大腿和对侧腿尽量保持不动。

器材 ▶ 弹力带、椅子

主要部位 ▶ 大腿

主要肌肉 ▶ 股四头肌

02 绑着弹力带一侧腿的小腿上抬，膝关节伸直。回到起始姿势，重复规定次数。换对侧重复。

4.3　下肢力量练习

站姿－提踵

01 双脚并拢，脚尖踩在平衡垫上，挺胸直背，双手叉腰。

02 双脚脚跟抬离地面，脚尖支撑于垫子上，身体重心移向前脚掌。回到起始姿势，重复规定次数。

器材 平衡垫

主要部位 小腿

主要肌肉 腓肠肌

要点

在运动过程中，核心收紧，双腿伸直，身体保持稳定。

4.3 ▶ 下肢力量练习

哑铃－坐姿－提踵

01 坐在训练椅上，双脚分开，与肩同宽。踝关节背屈，双脚踩在踏板上。双手各握一只哑铃，掌心相对，将哑铃放在膝盖上。

器材 哑铃、训练椅、踏板

主要部位 ➡ 小腿

主要肌肉 ➡ 比目鱼肌

要点

在运动过程中，核心收紧，背部挺直。

02 双脚脚跟向上抬起，脚尖踩在踏板上。回到起始姿势，重复规定次数。

4.3 下肢力量练习

哑铃-站姿-提踵

01 双脚分开，与肩同宽。双手各握一只哑铃，双臂自然垂于身体两侧，掌心相对。

02

双脚脚跟同时向上抬起，前脚掌撑地。回到起始姿势，重复规定次数。

器材 ▶ 哑铃

主要部位 ▶ 小腿

主要肌肉 ▶ 腓肠肌

要点

在运动过程中，核心收紧，双腿伸直，身体保持稳定。

4.3 下肢力量练习

哑铃–站姿–提踵行走

01

双脚分开，与肩同宽。双手各握一只哑铃，
双臂自然垂于身体两侧，掌心相对。

要点

在运动过程中，核心
收紧，双腿伸直，身
体保持稳定。

02

双脚脚跟同时向上抬起，前
脚掌撑地，然后向前行走。
完成规定距离。

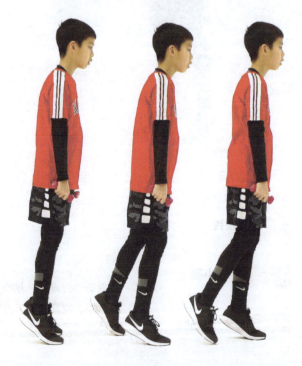

器材 ➤ 哑铃

主要部位 ➤ 小腿

主要肌肉 ➤ 腓肠肌

4.3　下肢力量练习

哑铃－下蹲提踵

01 双脚分开，大于肩宽。双手各握一只哑铃，双臂自然垂于身体两侧，掌心相对。

 器材　哑铃

主要部位　臀部、大腿、小腿

主要肌肉　臀大肌、股四头肌、腓肠肌

03 起身站直，紧接着双脚脚跟同时向上抬起，前脚掌撑地。回到起始姿势，重复规定次数。

02 屈髋屈膝，下蹲至大腿与地面接近平行。

要点

在运动过程中，核心收紧，背部挺直。下蹲时，膝盖与脚尖方向一致。提踵时，身体保持稳定。

4.3 ▶ 下肢力量练习

弹力带－站姿－提踵

01

双脚分开，与肩同宽，将弹力带中段固定在脚下，双手分别握住弹力带两端，双臂自然置于身体两侧，保持弹力带有一定的张力。

02

双脚脚跟同时向上抬起，前脚掌撑地。回到起始姿势，重复规定次数。

器材 ➤ 弹力带

主要部位 ➤ 小腿

主要肌肉 ➤ 腓肠肌

要点

在运动过程中，核心收紧，双腿伸直，身体保持稳定。

4.3 ▶ 下肢力量练习

交换跳－横向

01 单腿撑地，向前俯身，双臂微屈收于身体两侧。

要点

在运动过程中，核心收紧，保持身体稳定。落地时，屈膝缓冲。

02 支撑脚蹬地，向支撑脚内侧跳起，同时双臂快速向上摆动。

03 对侧腿落地支撑，注意膝盖不要超过脚尖，并保持身体平衡。回到起始姿势，重复规定次数。换对侧重复。

▶ **器材** 无

▶ **主要部位** 臀部、大腿、小腿

▶ **主要肌肉** 臀大肌、股四头肌、腘绳肌、腓肠肌、比目鱼肌

4.3 ▶ 下肢力量练习

单脚跳－横向

01
单腿撑地，向前俯身，双臂微屈收于身体两侧。

02
支撑腿蹬地，向支撑脚外侧跳起，同时双臂快速向上摆动。

要点

在运动过程中，核心收紧，保持身体稳定。落地时，屈膝缓冲。

03
起跳腿落地支撑，注意膝盖不要超过脚尖，并保持身体的稳定。回到起始姿势，重复规定次数。换对侧重复。

器材　无

主要部位　臀部、大腿、小腿

主要肌肉　臀大肌、臀中肌、股四头肌、腓肠肌、比目鱼肌

4.4 全身力量练习

哑铃－抓举－单臂

01
双脚分开，大于肩宽。一侧手握一只哑铃，垂于身体前侧，掌心向后。另一侧手自然垂于体侧。

02
屈髋屈膝，下蹲，使哑铃降低至膝盖下方。

03
髋、膝、踝三关节同时伸展，同时上举哑铃至手臂伸直。屈髋屈膝，持铃侧手臂伸直，在肩上支撑住哑铃。

04
伸髋伸膝，站直。回到起始姿势，重复规定次数。换对侧重复。

器材 哑铃

主要部位 全身

主要肌肉 全身

要点

髋、膝、踝三关节应同时伸展。持铃侧手臂支撑住哑铃时肩部锁定。

4.4 全身力量练习

哑铃-高翻-双臂

01 双脚分开，与肩同宽。双手各握一只哑铃，自然垂于身体前侧，掌心向后。

02 屈髋屈膝，下蹲。

03 髋、膝、踝三关节同时伸展，手臂和哑铃以肩关节为轴转动，肘关节上抬，使哑铃位于肩前。

04 屈髋屈膝落地。回到起始姿势，重复规定次数。

器材 ▶ 哑铃

主要部位 ▶ 全身

主要肌肉 ▶ 全身

要点

髋、膝、踝三关节应同时伸展。落地时，腰部不要向前顶。

4.4 ▶ 全身力量练习

壶铃－前蹲－过顶上举－单臂

01

双脚分开，略大于肩宽。一侧手握壶铃，手肘屈曲，将壶铃置于上臂前方，形成架式支撑姿势。对侧臂侧平举。

02

向下深蹲，随后伸髋伸膝，快速起身，同时将壶铃向上推举至手臂伸直。回到起始姿势，重复规定次数。换对侧重复。

器材 ▶ 壶铃

主要部位 ▶ 全身

主要肌肉 ▶ 全身

要点

下蹲时，背部挺直，膝盖与脚尖方向一致。

4.4 ▶ 全身力量练习

药球-站姿-垂直侧向扔球

01

双脚分开，大于肩宽，屈髋屈膝，下蹲。双手持药球于腹部前方，双肘屈曲。

03

躯干向对侧旋转，同时双手尽可能快速地将药球向对侧扔出。回到起始姿势，重复规定次数。换对侧重复。

02

躯干向一侧旋转，同时双手持药球移至同侧髋部外侧。

器材 ▶ 药球

主要部位 ▶ 全身

主要肌肉 ▶ 全身

要点

核心收紧，充分利用核心力量将球抛出，而不是仅利用双臂的力量将球掷出。

4.4 全身力量练习

婴儿爬行-纵向

01

双膝跪于瑜伽垫上，双臂伸直，双手位于肩部正下方，双膝位于髋部正下方。

02

对侧肢体交替向前或向后移动。完成规定距离。

器材 ▶ 瑜伽垫

主要部位 ▶ 全身

主要肌肉 ▶ 全身

要点

爬行时，动作要协调，避免同手同脚。

4.4 全身力量练习

大猩猩爬行－纵向

01 俯身，双手和双脚撑于地上，双臂伸直，双膝微屈。

器材	无
主要部位	全身
主要肌肉	全身

02

双手不动，双脚蹬地发力向前跳跃，跳至双腿位于双臂两侧。双脚落地后双臂抬起，向前移动。重复以上动作，完成规定距离。

要点

在运动过程中，保持核心收紧，身体稳定。

4.4 ▶ 全身力量练习

大猩猩爬行－横向

01

俯身，双手和双脚撑于地上，双臂伸直，双膝微屈。

要点

在运动过程中，保持核心收紧，身体稳定。

02

双手不动，双脚蹬地发力向一侧跳跃。双脚落地后双臂抬起，向同侧移动。重复以上动作，完成规定距离。

 器材　无

主要部位　全身

主要肌肉　全身

4.4 全身力量练习

熊爬–纵向

01 俯身，双手和双脚撑于地上，双臂伸直，双膝微屈。

02 一侧腿和对侧手臂向前移动，使身体重心前移，然后换另一侧重复。两侧交替进行，完成规定距离。

要点

爬行时，动作要协调，避免同手同脚。

器材 ▶ 无

主要部位 ▶ 全身

主要肌肉 ▶ 全身

4.4 全身力量练习

鳄鱼爬行－纵向

01 俯卧，双臂伸直支撑于地面，双手在肩部正下方，双腿微屈，双脚撑地。

要点

在运动过程中，保持核心收紧，身体稳定。

02 一侧腿屈髋屈膝外展，双臂屈曲后伸直，完成一次俯卧撑。双手交替前移，带动屈曲腿伸直，对侧脚前移，回到起始姿势，换对侧重复。两侧交替进行，完成规定距离。

 器材　无

 主要部位　全身

 主要肌肉　全身

4.4 全身力量练习

桌式爬行-绕球旋转

01 双手和双脚撑于地面，双膝与地面之间保持一拳距离。在双手正前方放置一个药球。

器材　药球

主要部位　全身

主要肌肉　全身

02 尽量保持髋关节和膝关节屈曲角度不变，身体同侧肢体交替顺时针或逆时针绕着药球移动。完成规定圈数。

要点

爬行时，保持膝盖离地，身体高度不变。

4.4 全身力量练习

桌式爬行 – 横向

01 双手和双脚撑于地面，双膝与地面之间保持一拳距离。

要点

爬行时，保持膝盖离地，身体高度不变。

器材	无
主要部位	全身
主要肌肉	全身

02 尽量保持膝关节屈曲角度不变，身体同侧肢体交替向左或向右移动。完成规定距离。

4.4 全身力量练习

俯卧－模拟自由泳

01

俯卧于瑜伽垫上，躯干和大腿紧贴瑜伽垫，双腿分开并伸直。保持腹部收紧，躯干发力使上半身抬离地面，同时双脚抬起。一侧手臂伸直向前推，对侧手臂伸直向后推，同时身体转向向后推的手臂，模拟自由泳动作。

02

换对侧重复。两侧交替进行，重复规定次数。

器材 ▶ 瑜伽垫

主要部位 ▶ 全身

主要肌肉 ▶ 竖脊肌、斜方肌、菱形肌、腰方肌、背阔肌、臀大肌

要点

在运动过程中，核心收紧，肩部及以上部位抬离垫面。

第 5 章

热身与放松练习

5.1 ▶ 热身练习

侧卧－肩部拉伸

01 侧卧于瑜伽垫上，头部、躯干、腿部成一直线；下侧上臂紧贴瑜伽垫，与躯干垂直，前臂抬起，与地面垂直。上侧手臂屈肘，将手置于下侧手上。

02 上侧手缓慢下压下侧前臂，直至下侧肩部有一定程度的牵拉感，保持该姿势2秒左右。回到起始姿势，重复规定次数。换对侧重复。

站姿－胸椎旋转

01 双脚分开，与肩同宽，双膝屈曲，躯干前倾，背部挺直，双手交叉放在头后。

02 保持下半身的稳定，以胸椎为轴，头部及躯干向一侧旋转至胸部和背部有一定程度的牵拉感，保持该姿势2秒左右。回到起始姿势，换对侧重复。重复规定次数。

向后弓步－转体

01 一侧脚向后跨步，同时前侧腿屈膝至大腿与地面接近平行。

02 后侧腿一侧的手置于对侧腹部，前侧腿一侧的手臂向前伸直，然后该侧手臂和躯干一起慢慢向后旋转至最大幅度，保持该姿势2秒左右。回到起始姿势，重复规定次数。换对侧重复。

对侧前后手碰脚

01 双脚分开，略窄于肩，双臂自然垂于身体两侧。

02 双脚跳动，抬一侧腿屈髋屈膝并用对侧手与脚触碰。接着换另一侧完成该动作。

03 一侧腿向后屈膝并用对侧手与脚触碰。接着换另一侧完成该动作。重复以上步骤，完成规定时间。

5.1 ▶ 热身练习

后交叉弓步

01 双脚分开，与肩同宽，双臂前平举。

02 一侧脚后撤一步，置于对侧脚的斜后方，双腿成交叉站立姿势，同时屈髋屈膝，下蹲至前腿外侧肌肉有一定强度的牵拉感，保持该姿势2秒左右。慢慢起身，回到起始姿势。换对侧重复。重复规定次数。

行进弓步

01 双脚分开，小于肩宽，双手叉腰。

02 抬一侧腿向前迈一步，成弓步姿势，同时双手叉腰。接着，后侧脚蹬地站起，然后顺势向前迈出一步，成弓步姿势。两侧交替进行，重复规定次数。

圆木滚

01 俯卧，双臂向上伸直，双手在头部正上方合掌。双腿伸直，双脚并拢。

02 保持腹部收紧，身体向一侧连续滚动。完成规定距离。

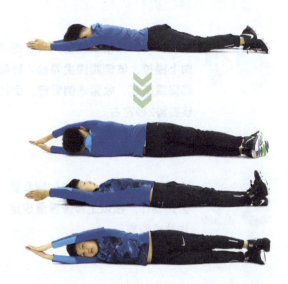

股四头肌行进拉伸 – 手臂上伸

01 站立，双脚稍稍分开，双臂自然垂于体侧。

02 一侧脚向前迈一小步，对侧腿向后屈膝。屈膝侧手抓住屈膝侧脚背或脚踝将其拉向臀部，同时对侧手臂上举，支撑脚的脚跟跷起，保持该姿势2秒左右。回到起始姿势，换对侧重复。重复规定次数。

5.1 ▶ **热身练习**

抱膝前进

01 站立，一侧膝抬至胸前，双手抱膝向上提拉，该侧脚脚尖勾起。对侧脚脚跟跷起，收紧该侧臀部。保持该姿势2秒左右。

02 向前迈抬起侧腿，换对侧腿重复上述动作。按以上步骤重复规定次数或距离。

反向90度-90度拉伸

01 侧卧于瑜伽垫上，下侧腿屈膝90度，上侧腿屈髋屈膝90度，膝盖置于泡沫轴上，背部挺直。下侧手臂伸直置于瑜伽垫上，掌心朝上。上侧手臂伸直并与地面垂直，掌心朝下侧手臂方向，目视同方向。

02 下半身保持稳定，以胸椎为轴，旋转下侧手臂和头部，使双臂平行，躯干前部有一定程度的牵拉感，保持该姿势2秒左右。回到起始姿势，换对侧重复。重复规定次数。

5.2 ▶ 放松练习

肱三头肌拉伸

01 双脚分开，略小于肩宽，双臂自然垂于体侧。

02 一侧手臂屈肘，置于头后方，对侧手置于其肘部并将其向内拉伸至上臂后侧有一定程度的牵拉感。保持该姿势至规定时间。换对侧重复。

海豹式拉伸

01 双膝跪于瑜伽垫上，双臂伸直，背部挺直。

02 双手不动，双臂保持伸直，充分伸髋，使大腿贴垫面，双腿伸直，躯干保持直立。保持该姿势至规定时间。

5.2 ▶ 放松练习

跪式起跑者弓步

01 跪于瑜伽垫上，一侧腿在前，屈膝90度，另一侧腿在后，膝盖接触瑜伽垫，躯干挺直，双手置于前侧腿大腿上。

02 髋部向前移动，直至髋屈肌有一定程度的牵拉感，保持该姿势至规定时间。换对侧重复。

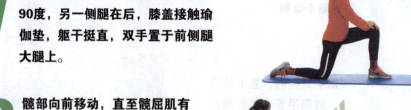

弓步拉伸-小腿

01 站立，双脚并拢，双臂自然垂于体侧。

02 一侧腿向后迈一步，前侧腿屈膝，后侧腿伸直，成弓步姿势。双手扶住前侧腿的膝盖，身体重心慢慢前移，直至小腿后侧有一定程度的牵拉感。保持该姿势至规定时间。换对侧重复。

5.2 ▶ 放松练习

躯干伸肌、竖脊肌和背阔肌拉伸

01 仰卧于瑜伽垫上，头部与躯干紧贴瑜伽垫。双腿屈髋屈膝，双手交叉抱住双膝下部。

02 双手将双膝拉向胸部，头部与肩部离开瑜伽垫，贴近双膝，直至背部有一定程度的牵拉感。保持该姿势至规定时间。

桌式-股四头肌拉伸

01 双膝跪于瑜伽垫上，双臂伸直，背部挺直。

02 一侧腿屈膝向上抬起，同侧手向后伸展，握住抬起脚的脚背至大腿前侧有一定程度的牵拉感。保持该姿势至规定时间。换对侧重复。

5.2 ▶ 放松练习

仰卧－脊柱扭转

01 仰卧于瑜伽垫上，双膝屈曲，双腿并拢，双脚支撑于瑜伽垫上，双臂向身体两侧伸展，掌心朝下。

02 将髋部和双膝最大限度地向身体一侧扭转，同时头向对侧旋转，直至背部和臀部有一定程度的牵拉感。保持该姿势至规定时间。换对侧重复。

腘绳肌拉伸

01 仰卧于瑜伽垫上，一侧腿伸直并置于垫上，另一侧腿屈髋屈膝抬起，双手交叉抱住屈曲侧大腿。

02 双手不动，抬起腿伸直，与地面垂直，脚与地面平行，使大腿后侧有一定程度的牵拉感，保持该姿势至规定时间。换对侧重复。

第6章

力量训练计划

6.1 力量训练计划设计流程

确定训练目标

儿童青少年进行力量训练的常见目标包括提升特定肌群的力量、爆发力和耐力，提升运动能力（跳跃能力、跑动能力、投掷能力等），增大肌肉尺寸或增加肌肉量，减少脂肪，提升运动表现。确定了训练目标，才能为儿童青少年选择出更适合他们的肌肉动作形式（等长、向心、离心）、力量练习强度等。

确定训练周期

周期化是让儿童青少年力量训练的量和强度多样化的常用方式。周期化训练计划有两种主要类型：线性周期化和非线性周期化。在线性周期化训练中，儿童青少年的训练量在4~12个月的长周期中随强度增大而减小。他们的训练量和强度每2~4周调整1次，每个阶段的训练强调特定的生理适应，也就是侧重于某个具体的训练目标。在非线性周期化训练中，轮流使用不同的训练方案，每个方案的训练量和强度每7~10天调整1次。

确定训练要素

训练要素主要包括练习的类型、负荷、组数、重复次数和间歇时间等，应根据训练目标及训练周期特定阶段的主要目标来确定。前文已介绍过肌肉肥大训练、最大力量训练和力量耐力训练的主要参数，静力性训练和动力性训练的区别，以及自重训练、自由重量训练和固定器械训练的优缺点，可以参考相关内容，结合主要目标，进行要素设计。

　　设计儿童青少年力量训练计划时，需要特别注意的是，尽可能确保全身均衡发展，例如，在整体的训练中，针对上肢和下肢的练习应均衡，针对不同肌群的练习也应均衡。此外，在进行要素设计时，还要着重考虑儿童青少年的身体发育水平，不能选择超出他们身体能力的练习、负荷等。下表列出了不同年龄儿童青少年力量训练的重点，供参考。

•不同年龄儿童青少年力量训练的重点•

年龄	重点
7岁及以下	培养训练观念，学习训练技术；不使用负荷或使用很小的负荷，保持较小的训练量
8~10岁	保持简单的训练，逐渐增加负荷和训练量
11~13岁	逐渐增加负荷和训练量；加入更高级的训练，但不使用负荷或使用很小的负荷
14~15岁	使用更高级的力量训练计划；加入针对特定专项的练习；强调训练技术，增加训练量
16岁及以上	在掌握力量训练知识和技术且具备一定训练经验的基础上，尝试执行入门级的成年人力量训练计划

6.2 基础力量训练计划

上肢力量训练计划

1 侧卧-肩部拉伸

5~10次/侧×1组
无间歇

→ 第150页

2 站姿-胸椎旋转

5~10次/侧×1组
无间歇

→ 第150页

3 哑铃-坐姿-基本弯举-单臂

8次/侧×1组
间歇30秒

→ 第30页

4 臂屈伸

8次×1组
间歇30秒

→ 第35页

5 哑铃-侧卧-屈臂外旋

8次/侧×1组
间歇30秒

→ 第53页

6 哑铃-站姿-俯身后拉-双臂

12次×1组
间歇60秒

→ 第51页

7 俯卧撑

8次×1组
间歇60秒

→ 第59页

8 肱三头肌拉伸

15~30秒/侧×1组
无间歇

→ 第155页

9 躯干伸肌、竖脊肌和背阔肌拉伸

15~30秒×1组
无间歇

→ 第157页

6.2 基础力量训练计划

核心力量训练计划

1 向后弓步-转体

5~10次/侧×1组
无间歇

→ 第151页

2 哑铃-站姿-躯干侧屈

8次/侧×1组
间歇5秒

→ 第85页

3 哑铃-卷腹

8次×2组
间歇30秒

→ 第73页

5 海豹式拉伸

15~30秒×1组
→ 第155页

4 弹力带-坐姿-躯干旋转

8次/侧×1组
间歇10秒

→ 第88页

6.2 基础力量训练计划

下肢力量训练计划

1 对侧前后手碰脚

30秒×1组
无间歇

→ 第151页

2 后交叉弓步

5~10次×1组
无间歇

→ 第152页

3 深蹲

8次×2组
间歇60秒

→ 第90页

4 哑铃–侧弓步

8次/侧×1组
间歇30秒

→ 第108页

5 弹力带–站姿–髋内收

5次/侧 × 1组
间歇30秒

→ 第123页

6 弓步–纵向

8次/侧 × 1组
间歇30秒

→ 第107页

7 弹力带–站姿–提踵

10次 × 1组
间歇30秒

→ 第134页

8 桌式–股四头肌拉伸

15~30秒/侧 × 1组
无间歇

→ 第157页

9 弓步拉伸–小腿

15~30秒/侧 × 1组
无间歇

→ 第156页

6.2 基础力量训练计划

力量初级训练计划

1 行进弓步

5~10次×2组
无间歇

→ 第152页

2 向后弓步–转体

5~10次/侧×1组
无间歇

→ 第151页

3 哑铃–坐姿–基本弯举–单臂

8次/侧×1组
间歇30秒

→ 第30页

4 弹力带–坐姿–挺身

10次×1组
间歇60秒

→ 第58页

5 跪姿–俯卧撑
5次×2组
间歇30秒
→ 第60页

6 卷腹
10次×1组
间歇60秒
→ 第72页

7 深蹲
6次×2组
间歇60秒
→ 第90页

8 躯干伸肌、竖脊肌和背阔肌拉伸
15~30秒×1组
无间歇
→ 第157页

9 桌式–股四头肌拉伸
15~30秒/侧×1组
无间歇
→ 第157页

6.2 基础力量训练计划
力量进阶训练计划

1 行进弓步

5~10次×2组
无间歇

→ 第152页

2 后交叉弓步

5~10次×2组
无间歇

→ 第152页

3 俯卧撑

5次×2组
间歇30秒

→ 第59页

4 哑铃-站姿-俯身侧平举-双臂

12次×1组
间歇30秒

→ 第41页

5 哑铃-卷腹
12次×1组
间歇30秒
→ 第73页

6 药球-深蹲-直臂
12次×1组
间歇30秒
→ 第100页

7 哑铃-站姿-提踵行走
20米×1组
间歇30秒
→ 第132页

8 躯干伸肌、竖脊肌和背阔肌拉伸
15~30秒×1组
无间歇
→ 第157页

9 跪式起跑者弓步
15~30秒/侧×1组
无间歇
→ 第156页

6.2 基础力量训练计划

力量高级训练计划

1

对侧前后手碰脚

30秒×1组
无间歇

→ 第151页

2

抱膝前进

5~10米×2组
无间歇

→ 第154页

3

哑铃-站姿-反向弯举-双臂

12次×2组
间歇30秒

→ 第33页

4

哑铃-站姿-俯身
后拉-双臂

10次×2组
间歇30秒

→ 第51页

5 哑铃-俯卧撑

5次×2组
间歇30秒

→ 第61页

6 屈髋-卷腹

12次×2组
间歇30秒

→ 第74页

7 哑铃-下蹲提踵

8次×2组
间歇60秒

→ 第133页

9 弓步拉伸-小腿

15~30秒/侧×1组
无间歇

→ 第156页

8 仰卧-脊柱扭转

15~30秒/侧×1组
无间歇

→ 第158页

6.3 专项力量训练计划

篮球运动力量训练计划

1 后交叉弓步

5~10次×1组
无间歇

→ 第152页

2 壶铃-站姿-过顶上举-单臂

8次/侧×1组
间歇60秒

→ 第42页

3 壶铃-胯下8字环绕

8次×2组
间歇30秒

→ 第62页

4 深蹲-相扑式

8次×3组
间歇60秒

→ 第91页

5 跪式起跑者弓步

15~30秒/侧×1组
无间歇

→ 第156页

6.3 ▶ 专项力量训练计划

排球运动力量训练计划

1 股四头肌行进拉伸–手臂上伸

5~10次×1组
无间歇

→ 第153页

2 壶铃–分腿姿–后拉–单臂

8次/侧×1组
间歇60秒

→ 第52页

3 药球–站姿–展臂绕肩

8次×2组
间歇60秒

→ 第86页

4 哑铃–侧弓步

8次×2组
间歇30秒

→ 第108页

5 仰卧–脊柱扭转

15~30秒/侧×1组
无间歇

→ 第158页

6.3 专项力量训练计划

足球运动力量训练计划

1 抱膝前进
5~10次×1组
无间歇
→ 第154页

2 屈髋−卷腹
8次×2组
间歇30秒
→ 第74页

3 哑铃−侧弓步
8次×2组
间歇30秒
→ 第108页

4 哑铃−直腿硬拉
8次×3组
间歇60秒
→ 第111页

5 跪式起跑者弓步
15~30秒/侧×1组
无间歇
→ 第156页

6 腘绳肌拉伸
15~30秒/侧×1组
无间歇
→ 第158页

6.3 专项力量训练计划

游泳运动力量训练计划

1 侧卧–肩部拉伸

5~10次/侧×1组
无间歇
→ 第150页

2 俯卧–Y字

8次×3组
间歇5秒
→ 第47页

3 哑铃–站姿–
俯身侧平举–双臂

8次×3组
间歇60秒
→ 第41页

4 壶铃–深蹲

8次×2组
间歇60秒
→ 第97页

5 躯干伸肌、竖脊肌和背阔肌拉伸

15~30秒×1组
无间歇
→ 第157页

6.3 专项力量训练计划

持拍类运动力量训练计划

1 侧卧−肩部拉伸

5~10次/侧×1组
无间歇

→ 第150页

2 俯卧撑

5次×2组
间歇30秒

→ 第59页

3 药球−仰卧起坐
上举−直腿

10次×3组
间歇30秒

→ 第79页

4 哑铃−坐姿−颈后臂屈伸−单铃−双臂

8次×2组
间歇30秒

→ 第36页

5 肱三头肌拉伸

15~30秒/侧×1组
无间歇

→ 第155页

6 躯干伸肌、竖脊
肌和背阔肌拉伸

15~30秒×1组
无间歇

→ 第157页

6.4 体育测试提升训练计划

跑跳类测试针对性提升训练计划

1 行进弓步

5~10次×2组
无间歇

→ 第152页

2 抱膝前进

5~10米×2组
无间歇

→ 第154页

3 壶铃–深蹲

8次×2组
间歇20秒

→ 第97页

4 哑铃–侧弓步

8次×1组
间歇30秒

→ 第108页

5 交换跳-横向

5次/侧×1组
间歇20秒

→ 第135页

6 单脚跳-横向

5次/侧×1组
间歇20秒

→ 第136页

7 桌式-股四头肌拉伸

15~30秒/侧×1组
无间歇

→ 第157页

8 弓步拉伸-小腿

15~30秒/侧×1组
无间歇

→ 第156页

6.4 体育测试提升训练计划

1分钟仰卧起坐测试针对性提升训练计划

1 向后弓步–转体

5~10次/侧×1组
无间歇

→ 第151页

2 药球–仰卧起坐–球在胸前

8次×2组
间歇30秒

→ 第77页

3 仰卧–反向屈髋

8次×3组
间歇30秒

→ 第80页

4 俯卧–超人式

8次×2组
间歇20秒

→ 第71页

5 海豹式拉伸

15~30秒×1组
无间歇

→ 第155页

6.4 ▶ 体育测试提升训练计划

引体向上测试针对性提升训练计划

1

反向90度−90度拉伸

5~10次/侧 × 1组
无间歇

→ 第154页

2

哑铃−站姿−反向弯举−
双臂

8次 × 2组
间歇30秒

→ 第33页

3

弹力带−站姿−
高拉−双臂

8次 × 3组
间歇60秒

→ 第54页

4

哑铃−站姿−俯身
后拉−双臂

8次 × 3组
间歇60秒

→ 第51页

5

躯干伸肌、竖脊肌和背阔肌拉伸

15~30秒 × 1组

→ 第157页